Dialogue sur l'histoire et l'imaginaire social

역사와 사회적 상상에
관한 대화

Dialogue sur l'histoire et l'imaginaire social

폴 리쾨르
코르넬리우스 카스토리아디스

김한식 옮김

문학과지성사

서문 요안 미셸Johann Michel

프랑스의 정치학자이자 철학자. 푸아티에 대학 교수이자 사회과학고등연구원
사회운동연구센터 연구원으로 이 책의 서문을 썼다. 지은 책으로 『폴 리쾨르. 인간
행동의 철학Paul Ricœur. Une philosophie de l'agir humain』(2007), 『해석하는 인간
Homo interpretans』(2017), 『기억해야 할 의무Le devoir de mémoire』(2018) 등이 있다.

옮긴이 김한식

서울대학교 불어교육과와 같은 학교 대학원 불어불문학과를 졸업하고, 프랑스
파리 10대학에서 박사학위를 받았다. 중앙대학교 유럽문화학부 교수로 재직했으며
현재는 명예교수로 있다. 문학과 철학의 대화에 관심을 가지고 있으며, 문학 이론과
폴 리쾨르의 해석학에 관한 다수의 논문을 발표했다. 지은 책으로 『해석의 에움길:
폴 리쾨르의 해석학과 문학』이 있고, 옮긴 책으로 폴 리쾨르의 『시간과 이야기』(전
3권), 아리스토텔레스의 『시학』(로즐린 뒤퐁록, 장 랄로 주해서) 등이 있다.

채석장
역사와 사회적 상상에 관한 대화

제1판 제1쇄 2024년 12월 26일

지은이 폴 리쾨르, 코르넬리우스 카스토리아디스
옮긴이 김한식
펴낸이 이광호
주간 이근혜
편집 최대연 김현주 홍근철
마케팅 이가은 최지애 허황 남미리 맹정현
제작 강병석
펴낸곳 ㈜문학과지성사
등록번호 제1993-000098호
주소 04034 서울 마포구 잔다리로7길 18 (서교동 377-20)
전화 02)338-7224
팩스 02)323-4180(편집) 02)338-7221(영업)
대표메일 moonji@moonji.com
저작권 문의 copyright@moonji.com
홈페이지 www.moonji.com

ISBN 978-89-320-4340-1 93900

차례

서문

카스토리아디스와 리쾨르는 모든 점에서 달라 보이고, 실제로 기질과 스타일, 철학도 전혀 다르다. 카스토리아디스가 자신의 논적에 맞서 한 치의 양보 없이 매우 단정적인 스타일로 예리하게 '정면 승부'를 벌인다면, 리쾨르는 상반되는 것들을 배치하고 에둘러 가는 기법을 사용하면서, 단정적이라기보다는 논리적 궁지로 몰아가는 어법으로 논증한다고 말할 수 있다. 이런 설명은 그들 각자의 글에 관해서는 어느 정도 맞는 말이다. 하지만 두 사람의 생생한 대화에서 들려오는 철학에서는, 특히 리쾨르의 경우에는 그 말이 그다지 맞지 않는다. 리쾨르가 동시대의 몇몇 지성들과 주고받은 대화들, 예컨대 클로드 레비-스트로스나 장-피에르 샹죄Jean-Pierre Changeux와 나눈 대화를 다시 읽어보거나 귀 기울여 듣는 것만으로도 그 점을 충분히 납득할 수 있다. 때로는 보편적 화해를 추구한다고, 때로는 소심하다고 평가되는 리쾨르 대신에 분명 공격적이지는 않지만 때로 매우 신랄하며 논쟁에서 결코 물러서지 않는 리쾨르를 볼 수 있다. 그것이 바로 리쾨르와 카스토리아디스의 대화에 담긴 흥미로운 점들 가운데 하나이다. 둘은 어느 한쪽도 물러서지 않고 예리한 논조로 대화를 이어간다.

대담은 1985년 3월에 이루어졌는데, 이때 72세의 리쾨르는 이미 『시간과 이야기*Temps et récit*』 세 권 가운데 두 권을 펴냈고, 몇 달 뒤 3권의 출간을 앞두고 있었다. 리쾨르가 세계적인 명성을 얻는 데 크게 기여하게 될 이 3부작의 핵심에는 역사에 대한 성찰이 놓여 있다. 대담 당시 63세였던 카스토리아디스가 10년 전에 출간한 대표작 『사회의 상상적 제도 *L'institution imaginaire de la société*』[1]에서도 사회적이고 정치적인 상상과 역사가 결정적인 자리를 차지한다. 리쾨르는 또한 1975년 시카고 대학에서 이데올로기와 유토피아에 관한 그 유명한 강의를 한 바 있고, 그 강의 내용은 1986년 컬럼비아 대학 출판부에서 영어로 출간되었다.[2] (이는 이후 1997년 쇠

1   〔옮긴이〕 프랑스어로 'instituer'는 무엇을 처음으로 세우거나 시작하는 행위를 가리키며, 그 명사형인 'institution'은 일반적으로 '설립, 제도, 창설, 창시' 등으로 옮길 수 있다. 카스토리아디스 책의 한국어판 제목에서는 이를 '제도'라고 옮겼는데, 사전적 의미로 "관습이나 도덕, 법률 따위의 규범이나 사회 구조의 체계"를 뜻하는 '제도制度'로 옮기게 되면 카스토리아디스가 의도하는, 무엇을 처음으로 만들거나 제정한다는 의미가 살아나지 않는다는 어려움이 있다. 여기서는 '창조'와 '생산'이라는 논쟁의 주제와 밀접하게 관련된 이 용어의 의미를 살리기 위해 '제도' '제도의 창설' '창설' 등 문맥에 따라 적절하게 옮길 것이다. 참고로 한국어판(『사회의 상상적 제도 1』, 양운덕 옮김, 문예출판사, 1994)은 전체 2부(1부 「마르크스주의와 혁명 이론」, 2부 「사회적 상상과 제도」) 중에 1부만 번역된 것이다.

2   Paul Ricœur, *Lectures on Ideology and Utopia*, G. Taylor(ed.), New

8

유 출판사에서 프랑스어로 번역 출판되었다).[3]

결국 카스토리아디스와 리쾨르는 1975년부터 1985년
까지 약 10년 동안 서로 매우 유사한 연구 분야에서, 그 당시
학계에서는 거의 다루지 않았던 주제를 가지고 작업한 셈이
다. 그러니까 카스토리아디스가 사회적-역사적 상상의 문제
를 주제로 한 자신의 논문 계획서를 읽어봐 달라고 리쾨르에
게 부탁한 것(하지만 실제로 성사되지는 않았다)[4]이나 리쾨
르가 프랑스퀼튀르의 〈르 봉 플래지르Le bon plaisir〉 방송에 카
스토리아디스를 초대하고 대담을 시작할 때부터 『사회의 상
상적 제도』에 찬사를 보낸 것은 우연이 아닐 것이다. 리쾨르
가 카스토리아디스의 저서 제목을 '사회의 상상적 제도'가 아
닌 '사회의 상상적 생산production'이라고 잘못 부르는 의미심
장한 실수로 시작되는 이 대담은, 역사적으로 새로운 것을 창
조하는 것이 가능한가라는 물음을 중심으로 이루어진다. 이
는 두 사람이 사회적 변혁을 이룰 수 있는 집단적 능력으로서

      York : Columbia University Press, 1986.

3   Paul Ricœur, *L'idéologie et l'utopie*, Paris : Seuil, 1997.

4   〔옮긴이〕 1967년 카스토리아디스는 낭테르 대학에서 교수로
      재직 중이던 리쾨르에게 「역사에서의 상상적 요소L'élément
      imginaire dans l'histoire」라는 제목의 논문 지도를 부탁했지만,
      68 이후 리쾨르가 낭테르를 떠나 주로 미국에서 활동하게 되면서
      논문 지도는 이루어지지 못했다. 당시 카스토리아디스가 「사회-
      역사적인 것의 상상적 토대」라는 제목으로 쓴 연구계획서의 초고
      일부는 리쾨르 재단에 보관되어 있다.

의 상징적 또는 상상적 기능이라는 개념에 중요성을 부여하고 있다는 사실을 보여준다. 상상과 역사는 그처럼 분명하게 한데 얽혀 있다.

리쾨르와 카스토리아디스의 대화에서 드러나는 독특한 어조 또한 주목할 만하다. 두 사람의 대화는 마치 당구공처럼 때로는 서로 스치며 엇갈리고, 때로는 충돌하고, 때로는 한곳을 향하다가 곧바로 서로 멀어진다. 이들의 '생생한' 토론은 의견이 가장 첨예하게 대립하는 순간에도 우호적인 성격을 잃지 않으며, 서로가 서로의 독자이기에 상대방에 대한 지적 존경심을 결코 숨기지 않는다.[5] 마주 앉아 나누는 이런 식의 생생한 대화는 언제든 산만해질 위험이 있지만, 처음부터 끝까지 똑같은 하나의 문제가 대담의 맥을 이어간다. 역사적 **창조**는 가능한가 아니면 이미 존재하고 있는 역사적 형상들에서 인간의 새로운 **생산**이 나오는가 하는 물음이 바로 그것이다. 그러한 문제 설정은 역사 이론에서는 상당히 고전적이라

5   카스토리아디스는 다음과 같이 토로한 바 있다. "나와 폴 리쾨르 사이의 핵심적인 차이가 분명하게 드러날수록, 나는 오히려 시간에 관한 기존의 주된 철학적 견해들에 대한 그의 풍부하고 견고한 비판적 분석에 감탄을 표하지 않을 수 없었다"(Cornelius Castoriadis, *Le monde morcelé. Carrefours du labyrinthe III*, Paris : Seuil, 1990, p. 278). 대담이 이루어지기 몇 해 전인 1980년, 카스토리아디스가 사회과학고등연구원EHESS의 연구교수에 지원했을 때 리쾨르가 호의적인 추천서를 써주었다는 사실도 새겨두자.

할 수 있지만, 이들의 대화는 논지를 뒷받침하기 위해 문학사와 예술사, 과학사, 사회정치사, 철학사 등에서 수많은 논거들과 사례들을 동원하고 있다는 점에서 흥미롭다. 그래서 논쟁은 공리공론으로 끝나지 않고, 매번 새로운 요소들이 더해지면서 이들의 철학은 바깥을 향해 열린다. 사회과학과의 대화는 리쾨르의 철학에서 중심 모티프이며, 카스토리아디스 또한 (철학, 정신분석학, 경제학 등) 다양한 학문 분야를 섭렵하면서 자신만의 독특한 사유를 빚어낸다는 점도 그에 한 몫을 했다.

리쾨르나 카스토리아디스의 저술에 익숙한 독자라면 번갈아 주도권을 쥐어가며 설전을 벌이는 이 대담에서 (순전히 인류학적 의미에서의) 역사적 **창조**création라는 명제를 고수하는 것이 카스토리아디스의 몫이라는 사실이 놀랍지 않을 것이다. 여기서 역사적 창조란 기존의 질서 속에는 아직 전前형상화되어 있지 않은, 이미 존재하는 형태들의 효과에 그치지 않으며 기설정된 어떤 계획에 포함되지 않은 새로운 (제도적, 예술적, 정치적, 과학적 등의) '형태들'을 창조할 수 있는 가능성을 뜻한다.

반면 리쾨르로서는 이처럼 가장 근본적인 의미로 사용된 창조라는 명제를 받아들일 수 없다. **창조**보다는 **생산**이라는 말을 더 좋아하는 그는 모든 것이 이미 전형상화되어 있다고 말하기 위해서가 아니라, 인간이 새롭게 생산하는 그 어

떤 것이든 존재하지 않는 것에서 나오지 않는다는 사실을 증
명하려고 한다. 물론 인간 사회의 어떤 차원들, 예를 들어 과
학적, 기술적 차원에서는 불연속성 혹은 혁신이 있을 수 있지
만, 모든 차원에 해당되는 것은 아니며(리쾨르와 『지식의 고
고학L'archéologie du savoir』의 푸코와의 대립은 바로 이 지점에
서 비롯된다), 특히 대담에서 그가 인간 공동체들의 "바소 콘
티누오la basse continue"[6]라고 부르는 것의 경우는 더더욱 그렇
다. 이러한 리쾨르의 반론에 대해 카스토리아디스도 "의미의
불연속성"이 어느 정도 "존재의 연속성"을 수반할 수 있다는
주장에는 양보하는 것처럼 보인다. 카스토리아디스에게 핵
심적인 것은 의미sens의 문제, 보다 정확히 말해서 사회적, 정
치적 차원에서 창조하는, 즉 실제로 **제도화하는**instituant 상상
의 문제이다. 결국 카스토리아디스가 진짜로 양보했다고 말
할 수는 없다. 혹은 그에게 인간 사회는 곧바로 의미 속에서
존재하기에 냉소적인 표현으로 양보할 수밖에 없었을 것이
다. 그러니까 의미의 근본적 단절을 받아들인다는 것은 바로
존재의 근본적 변형을 받아들이는 것이다. 카스토리아디스
의 입장에서는 그러한 단절이 인간 공동체들이 영위하는 존
재의 모든 차원에 영향을 미치지는 않는다고 해도 말이다(그
래서 아테네의 민주주의 혁명에는 그 어떤 실질적인 기술적

---

6   〔옮긴이〕곡의 처음부터 끝까지 은은하게 울리는 악기의 낮은
     소리를 뜻하며 '지속 저음' 또는 '통주저음'으로 부르기도 한다.

진보도 수반되지 않았다).

인간의 역사적 **창조**라는 주장에 대해 리쾨르가 보일 수밖에 없는 과민반응에서 아마도 어떤 이들은 오로지 신만이 (**무無**로부터의 세계의) 창조자가 될 수 있다는 의미에서 (카스토리아디스 같은 사람의 근본적 무신론과는 당연히 양립할 수 없는) 신학적 대용품을 볼 것이다. 하지만 리쾨르는 "절대적 시작commencement absolu"[7]과 같은 신학적 견해에 대해서 진지하게 의혹을 제기했을 뿐 아니라, 자신의 논증을 뒷받침하기 위해 그런 생각을 내세운 적도 없다.[8] 그런 신학적 독법은 환원적이다. 논증 과정에서 리쾨르가 자신의 논거를 "새로운 역사"에서 끌어올 뿐 아니라 해석학 전통, 즉 이미 말해진 것들과의 철저한 단절을 거부하면서 이해가 전-이해 pré-compréhension 속에 이미 들어 있다고 보는 해석학적 전통에서 끌어온다는 점에서 더욱 그렇다. 리쾨르가 역사적 **창조**라는 루비콘강을 건널 수 없는 것은 바로 **전pré-**이 갖는 해석학적 우위 때문이다. 일종의 무정형의 혼돈에서 새로운 형태

7   이 점에 관해 나를 깨우쳐준 올리비에 아벨Olivier Abel과 장-루이 슐레겔Jean-Louis Schlegel에게 감사를 표한다.

8   하지만 이들의 토론 중에 카스토리아디스가 인간의 언어를 "자기 창조autocréation"로 간주하면서 이를 포함한 역사적 창조의 새로운 형태를 설명하는 방식에 대해 리쾨르가 신화(절대적 무정형에서 어떤 형태를 이끌어내기)로 본다는 것은 시사하는 바가 있다.

가 솟아날 수 있다는 생각에 리쾨르가 선뜻 동의하지 못하는 것은 언제나 선행하는 언어의 존재, 그러니까 선재하는 규칙의 존재 때문임이 분명하다. 그가 특히 선호하는 모델은 우리는 이미 존재하는 형상화configuration에서 출발하여 연속적인 해석과 재해석을 거쳐 나아간다는 텍스트 해석학 이론에서 끌어낸 것이다. 이미 존재하는 의미들의 저장고에 활기를 불어넣는 데 기여하는 소급 효과rétroaction라는 핵심 개념의 중요성이 바로 거기서 생겨난다. 우리는 "지나간 순간들에 대한 우리의 새로운 창조"가 갖는 소급 효과를 통해 "묶여 있던 가능태들을 풀어준다"는 것이다. 따라서 그가 말하고자 하는 것은 단지 과거가 끊임없이 현재 속에 자리 잡고 있다는 사실이 아니라 새로운 생산과 함께 과거에 묻혀 있던 잠재력이 해방될 수 있다는 점이다.

클로드 레비-스트로스와의 시끌벅적한 토론[9]이 보여준

9   ""La pensée sauvage" et le structuralisme," *Esprit*, 1963 참조. 이 논쟁에 대한 보고서는 리쾨르 재단 누리집에서 참조할 수 있다. www.fondsricoeur.fr/uploads/medias/articles_pr/ prclaudelevistraussesprit63.PDF. 〔옮긴이〕 리쾨르 재단의 누리집 개편으로 인해 해당 주소로는 찾을 수 없으며 대신 다음의 주소를 참조할 수 있다. https://catalogue.ipt-edu.fr/cgi-bin/koha/opac-detail.pl?biblionumber=51409. 이 글은 *Esprit*, novembre 1963, pp. 628~52에 실렸으며, 다음에 재수록되었다. Paul Ricœur, *Le conflit des interprétations*, Paris : Seuil, 1969, pp. 31~63 ; Paul Ricoeuir, *Lectures 2*, Seuil, 1992, pp. 351~84.

바 있듯이, 리쾨르는 구조주의의 전제 조건들을 전부 따르지는 않지만(포괄적이고 경직된 구조주의에 대해서는 비판적인 입장을 표명한다), '구조 분석'에 대해서는 관심을 숨긴 적이 없다. 이는 또한 "토템 사회"와 대비되는 우리의 "역사적 사회"를 객관적으로 분석하기 위해서였다.[10] 따라서 리쾨르의 기획은 어떤 점에서는 후기구조주의 해석학이라는 용어로 지칭할 수도 있을 것이다. 반면에 카스토리아디스는 라캉의 영향에도 불구하고 여러 형태의 구조주의에 인제나 불신과 반감을 보여왔다. 구조주의는 통시태보다는 공시태에 우선권을 부여하면서 변화를 단지 미분적 차이écart différentiel의 용어들로 사유하는 경향이 있고, 따라서 실제로 **제도화하는**instituant 상상적 창조를 사유하는 데에는 근본적으로 무력하다고 보는 것이다. 드물게 카스토리아디스와 리쾨르의 의견이 일치하는, 그래서 서로 놀라는 것처럼 보이는 순간들도 있는데, 그것은 바로 언어와 역사에 대한 순전히 구조주의적인 이해에 반대할 때이다. 그리하여 카스토리아디스가 "떠오르는 모든 새로운 형태는, 물론 어느 정도 과거를 참조하고 있다 해도, 기존의 형태들이 조합된 결과는 아닙니다"라

---

10   나는 『리쾨르와 동시대 철학자들』에서 구조주의와
후기구조주의를 매개로 리쾨르와 카스토리아디스의 논쟁을 처음
소개한 바 있다. Johann Michel, *Ricœur et ses contemporains. Deleuze,
Derrida, Bourdieu, Foucault, Castoriadis*, Paris : PUF, 2013.

고 단언할 때, 리쾨르는 마치 이 전투만큼은 그와 함께한다는 듯 "그렇다면 우리는 같은 편이네요!"라는 감탄문으로 화답한다. 구조는 결코 굳어 있고 포화 상태에 있는 게 아니라 아직 쓰이지 않은 의미를 담고 있다는 것이다. 하지만 이 전투는 함께한다 해도 두 사람은 여전히 다른 길을 간다.

역사적 창조라는 명제에 대해 카스토리아디스가 보여주는 깊은 애착은 다른 독서들, 다른 영향들, 무엇보다 다른 역사적 경험들 때문이다. 그의 저서나 대담에서 빈번하게 등장하는 그 역사적 경험들에는 파리 코뮌처럼 전대미문의 정치적 형태들의 출현도 있지만 고대 그리스에서의 수학의 탄생도 포함된다. 이는 '새로운 형태들'이 하늘에서 뚝 떨어지거나 어떤 천재성에서 비롯된다는 말이 아니라, 이미 존재하는 형태들에서 새로운 형태들을 추론하려 해서는 근본적으로 혁신적인 그 독창성을 이해할 수 없다는 뜻이다.

리쾨르와 카스토리아디스의 논쟁이 역사에서의 불연속성과 창조 문제에 관한 논의를 바탕으로 역사에 관한 인식론적 차원을 포함하는 것은 분명하지만, 그와 동시에 실천적인 차원에서는 인간의 행동과 관련된 정치적 관심이 암암리에 논쟁을 이끌어간다. 어떤 점에서 보자면 논쟁의 관건은 역사 과학의 가능성의 조건보다는 주어진 역사적 상황에서 인간 행동agir humain의 가능성의 조건에 달려 있다. 결국 두 사상가에게 중요한 것은 순수한 인식론적 물음이라기보다는 실천praxis의 문제이다. 따라서 역사와 상상이라는 두 축에 또 하나의 축을 더해서 이들의 대담을 세 개의 축으로 짜인 직조물로 조망해볼 수 있을 것이다. 마르크스적 의미가 너무 강할 수밖에 없는 실천이라는 용어를 피해 이를 정치적인 것le politique이라고 부르자.

　　대담에서 마르크스가 직접 거론되는 경우는 거의 없다. 하지만 적어도 카스토리아디스의 철학은 마르크스주의적 역사 해석에 맞서 형성되었고, 리쾨르의 글에서도 어느 정도 비슷한 입장을 볼 수 있다. 이들이 공통으로 마주하는 시련의 장場은 칼 포퍼와 한나 아렌트가 말한 것과 가까운 의미에서의 역사주의historicisme라고 할 수 있으며, 마르크스주의는 그 한 변이형이다. 유물론적 과학이 밝혀내고자 하는 불변의 법칙들이 역사를 지배한다는 생각은 받아들일 수 없다(이는 어떤 의미에서는 리쾨르와 카스토리아디스가 상반된 입장일지언정 대화를 할 수 있게 하는 공통분모이기도 하다). '마르크스주의 과학'의 결함은 마르크스의 저작에 자양분이 되었던 헤겔의 역사철학과 19세기의 과학주의적 분위기의 기이한 혼합에 근거하여 자연과학의 설명 원리들을 인간의 역사에 투사한다는 점에서 인식론적인 것만은 아니다. 개인들과 집단들을 익명의 힘들이 지배하는 역사 무대 위의 꼭두각시로 만든다는 점에서 결함은 또한 정치적이다. 역사적 현상들이 이성의 간계와 유사한 필연성에 따른다는 전제를 리쾨르와 카스토리아디스는 받아들일 수 없다.

역사적 총체화에 대한 이러한 비판은, 특히 리쾨르가 헤겔과 거리를 두기 위해 『시간과 이야기』에서 사용한 표현을 빌리자면, "어느 벽장에선가 늘 튀어나오는" 예나의 철학자[11]에 맞서 싸울 때 더 강하게 드러난다. 절대적 지식이 가능하다는 역사철학의 주장이야말로 리쾨르가 헤겔을 포기할 수밖에 없는 이유이다. 그런데 바로 이 역사주의 층위에서, 카스토리아디스와 리쾨르가 닫아버리고자 하는 벽장에서 헤겔과 함께 마르크스까지 튀어나올 위험도 있다. 왜냐하면, 이번에는 카스토리아디스가 사용한 은유로 이어가자면, 마르크스는 헤겔의 합리주의를 "옷"만 바꿔서, 즉 "헤겔에게는 유심론적이고 마르크스에게는 유물론적인"[12] 옷을 입고 있기 때문이다. 이처럼 헤겔적이고 마르크스적인 역사주의를 거부함으로써 무엇보다 역사적 행위agir historique를 구성할 수 있는 여지가 생겨난다. 물론 그러한 행위가 어떤 의미를 가지고 있으며 자기-결정auto-détermination이 어디까지인가에 대해서는 보다 정확히 규정될 필요가 있다. 어쨌든 1985년의 대담에서 리쾨르와 카스토리아디스가 가장 가까이 다가가는 순

---

11   〔옮긴이〕헤겔을 말한다. 예나 대학은 18세기 말에서 19세기 초까지 피히테, 셸링, 헤겔 등이 강의하면서 독일 관념론과 초기 낭만주의 운동의 중심지로 자리 잡았다.

12   Cornelius Castoriadis, *L'institution imaginaire de la société*, Paris : Seuil, 1975, p. 79.

간은 바로 이런 공통의 확신을 바탕으로 역사적 혁신을 옹호할 때이다.

리쾨르와 카스토리아디스 각자의 역사 인식론이 함축하는 **정치적 중층결정**surdétermination politique[13]은 전체주의에 대한 비판을 통해 강화된다. 사실 역사 진행 과정이 이른바 이성적 총체화를 지향한다는, 과학적이라기보다는 이데올로기적인 주장과 20세기의 전체주의적 경험 사이의 은밀한 공모는, 그것을 인정하든 비난하든, 적어도 아렌트와 포퍼 이후로 새롭지는 않다. 하지만 리쾨르와 카스토리아디스가 헤겔과 마르크스를 "열린 사회의 적들"로 간주하는 것은 아니며 플라톤에 대해서는 더욱 아니다. 그것은 그들의 방대한 작업을 지나치게 단순화하는 것이다. 또는 카스토리아디스가 "마르크스주의에 대한 잠정적 결산"에서 약간 도발적으로 말했듯이 "프랑수아 페루[14]는 틀리지 않았을 때에도 수다쟁이에 지

---

13   〔옮긴이〕 일반적으로 철학에서 '중층결정surdétermination'은
      정신과 육체 사이의 인과성과 관련하여 물리적 인과성에
      추가로 덧붙여지는 정신적 인과성을 말한다. 중층결정 이론은
      정신과 육체 사이의 상호작용적 이원론이나 부대 현상론 또는
      평행론과는 구분되는 이원론으로서 정신적 상태는 물리적 상태와
      다르다(이원론), 어떤 물리적 상태를 야기한다(상호작용적
      이원론), 정신적 상태는 이를 완전히 설명할 수 있는 물리 법칙에
      따른다(유물론)는 등의 주장을 모순 없이 수용할 수 있다.

14   〔옮긴이〕 François Perroux(1903~1987): 프랑스의 경제학자로서
      마르크스, 슘페터, 케인스 등의 영향을 받았으며 소르본 대학, 파리
      정치학교, 콜레주 드 프랑스의 교수로 재직했다.

나지 않지만, 마르크스는 틀렸을 때조차도 위대한 경제학자
이다.”[15]

  리쾨르가 자신의 저서에서 전체주의라는 용어를 사용하
는 것은 아렌트의 저서를 즐겨 읽게 된 한참 뒤의 일이지만,[16]
소련 탱크가 부다페스트를 점령한 시기에 출간된 그의 선구
적인 논문 「정치적 역설Le paradoxe politique」[17]은 경제적 하부
구조의 견지에서 볼 때 정치적인 것의 자율(마르크스주의는
이를 부인한다)에 대한 보다 일반적인 성찰을 제시한다는 점
에서 소련의 전체주의를 겨냥한 비판으로 볼 수 있다. 하지만
카스토리아디스의 경우, 같은 시기 소비에트 체제와 그 아류
들에 대한 비판은 리쾨르보다 훨씬 근본적이다. ‘사회주의냐
야만이냐Socialisme ou Barbarie’[18]의 공동 창설자인 카스토리아

---

15 Cornelius Castoriadis, *L'institution imaginaire de la société*, p. 49.

16 특히 폴 리쾨르의 대담을 수록한 『비판과 확신』을 볼 것. Paul
    Ricœur, *La critique et la conviction* (entretien avec François Azuvi et
    Marc de Launay), Paris : Hachette (Collection “Pluriel”), 2013.

17 Paul Ricœur, “Le paradoxe politique,” *Histoire et vérité*, Paris : Seuil,
    1957. [옮긴이] 리쾨르는 아렌트와 같은 문제의식으로 전체주의의
    폭력에 관한 물음을 던지면서 ‘정치적 역설’의 개념으로 이에
    다가가고자 한다. 그에 따르면 정치적인 것le politique은
    지속적이고 합리적인 체제이자 조직이고 정치la politique는 매
    순간의 결정이고 선택인데, 그 사이에 정치적 역설이 있다.

18 [옮긴이] 1948년 카스토리아디스를 중심으로 급진적이고
    자유주의적인 성향의 사회주의자들이 프랑스에서 결성한
    그룹으로서 동명의 잡지를 발간했으며 1967년 해체되었다.

20

디스가 인민의 주권을 빼앗고 침해한 체제들을 가차 없이 단죄한 반면, 『에스프리*Esprit*』[19]의 정기적인 기고자인 리쾨르는 스탈린 시대 이후에도, (생산수단의 공유화 원칙을 유지하면서도) 보다 광범위한 정치적 자유화와 국가의 통제를 바탕으로, 이를테면 "인간의 얼굴을 한 사회주의"[20]를 떠올리게 하는 방식으로 사회주의 체제를 개혁할 수 있으리라는 기대를 버리지 않았다. 이와 달리 카스토리아디스가 보기에는 스탈린주의를 벗어났다 해도 그런 체제는 근본적으로 개혁이 불가능하며, 경제적 측면에서의 자주관리autogestion와 정치적 측면에서의 자치autogouvernement라는 기획은 양립할 수

19　〔옮긴이〕에마뉘엘 무니에Emmanuel Mounier가 1932년에 창간한 잡지로서 '인격'을 상징으로 내세워 개인과 집단 사이의 중재를 모색했다. 타자와의 관계를 통해 자아가 형성된다는 무니에의 인격주의는 마르셀Gabriel Marcel, 야스퍼스Karl Theodor Jaspers와 함께 리쾨르에게 깊은 영향을 미쳤다. 반면에 전투적 무신론자인 카스토리아디스의 주저 『사회의 상상적 제도』가 1975년 쇠유의 "에스프리" 총서로 발간되었다는 점은 다소 의외일 수 있다. 실제로 『에스프리』는 기독교 계열의 잡지였지만 소비에트 강제수용소의 참상을 고발한 솔제니친을 적극 지지하고, 소비에트의 전체주의와 관료주의 그리고 마르크스주의를 비판한다는 점에서 카스토리아디스와 같은 입장을 보였다. 『에스프리』는 또한 좌파의 노동자 자주관리에 관심을 가지고 있었으며, 편집자 폴 티보Paul Thibaud는 계급투쟁과 생산양식의 발전 사이의 모순에 관한 카스토리아디스의 분석을 높이 평가했다.

20　〔옮긴이〕1968년 1월, 프라하의 봄 직전 체코의 공산당 서기장 알렉산드르 둡체크Alexandr Dubček가 스탈린식 사회주의를 개혁하기 위해 제안한 프로그램.

없는 것이었다.

리쾨르와 카스토리아디스의 분석은 이처럼 대립하는 지점도 있지만 공유하는 부분도 있다. 바로 정치를 경제로 환원시키거나 연동시키는 것을 거부한다는 점이다. 사유재산제의 폐지가 소비에트 연방공화국에서의 정치적 소외 현상에 변화를 가져오지 못했으며 정치적인 것에는 권력 남용으로 이루어진 고유의 악이 있다는 리쾨르의 주장은 소비에트 관료 계급의 자율화에 대한 카스토리아디스의 분석과 근본적으로 일치한다.

리쾨르와 카스토리아디스가 보기에 마르크스주의가 떠안긴 또 다른 시련의 장은 바로 (생산력과 생산 관계의 모순에 따른) 역사의 진행 과정과 그 변모들에 대한 분석에서 마르크스주의가 생산력(그리고 특히 기술의 비중)에 우위를 부여하고 있다는 점이다. 마르크스주의의 첫번째 결함은 근대 자본주의 사회가 아닌 다른 사회들에도 동일한 분석 도식들을 옮겨놓은 데 있다. 달리 말해서, 기술적이고 공학적인 변모들은 근대 사회의 변화를 이해하는 데에는 중요하지만, 예를 들어 고대 사회의 격변들을 잘 설명해주지는 못하며, 동등한 공학적 수준에서도 장기적으로는 문화적·정치적·사회적 변모들이 일어날 수 있기 때문이다. 민족학적 차원에서 이런 지적은 이른바 원시적이라고 불리는 사회에도 그대로 적용된다. "삶의 의미가 부의 축적과 보존에 있다는 생각은, 파괴 능력을 보여주기 **위해** 부를 모으는 콰키우틀족[21]에게는 터무니없는 일일 것이다. 〔…〕 근시안적인 '마르크스주의자들'은 이런 예를 들으면 그저 민족학적 흥밋거리로 여기며 비웃을 것이다. 하지만 정작 민족학적 흥밋거리는 바로 자본주의적 사고방식을 어디서나 똑같은 인간 본성에 담긴 영구적 내용으로 설정해버린, 식민지 문제와 개발도상국 문제에 관해 끝없이 떠들어대면서도 정작 자신들의 추론에서는 지구상 인구의 3분의 2는 잊어버리는 '혁명주의자들'이다."[22]

마르크스주의 유물론의 두번째 결함은 상징적 구성요소(상부구조들의 성운)를 전부 덜어내고도 근본적인 기술적·경제적 실재에 다가갈 수 있다고 가정한다는 점이다. 모든 사회적 실재는 상징적으로 매개되어 있다는 가르침은 리쾨르와 카스토리아디스의 저술 전반에서 공통적으로 나타난다. 이른바 하부구조라고 하는, 비-상징적이거나 전-상징적인 순수한 경제적 실재가 존재한다는 생각은 망상에 불과하다. 상상은, 변형시키기 위해서든 은폐하기 위해서든, 기술적·경제적 실재에 덧붙여지는 게 아니라 그 실재를 직접적으로 구성한다. "사회적 삶이 상징적 구조를 가진다는 데 동의하지 않는다면, 우리가 어떻게 삶을 살아가고 어떻게 일을

---

21   〔옮긴이〕캐나다의 밴쿠버섬과 그에 인접한 브리티시컬럼비아주 연안에 살고 있는 아메리카 원주민의 한 종족.

22   Cornelius Castoriadis, *L'institution imaginaire de la société*, p. 38.

하고 어떻게 그런 활동들을 관념 속에 투사하는지 이해할 방법이 없다. 실재가 어떻게 하나의 관념이 될 수 있는지, 혹은 실제의 삶이 어떻게 환상을 만들어낼 수 있는지도. 그 결과 실재와 실제의 삶은 이해할 수 없는 신비적 사건에 지나지 않게 될 것이다. 마르크스가 보여주었듯이, 그런 상징적 구조가 예컨대 계급적 이해관계 등에 의해 변질될 수는 있다. 하지만 나로서는 아무리 단순한 행동이라 할지라도 이미 그 안에서 어떤 상징적 기능이 작동하고 있는 게 아니라면 어떻게 실재가 그런 종류의 그림자를 만들어낼 수 있는지 이해하기 어렵다."[23] 동일한 인류학적 뿌리에 근거한 이런 공통된 분석은, 리쾨르와 카스토리아디스가 가장 가까이 다가가고 또 그들의 대화가 풍요로워지는 토대가 된다. 마르크스에게 인간이 무엇보다 **도구를 만드는 인간**Homo faber 그리고 **노동하는 인간** Homo laborans이라면, 리쾨르와 카스토리아디스에게 인간은 아마도 **수다 떠는 인간**Homo loquax[24]이 될 것이다. 단지 말하는 인간이 아니라 기호, 의미, 상징, 텍스트, 이야기 들을 서로 교환하고 상상하고 창안하고 전달하는 인간이다. 리쾨르는 이런 인류학적 근원을 처음에는 상징과 신화에 초점을 맞춘 해

---

23   Paul Ricœur, *L'idéologie et l'utopie*, pp. 25~26.

24   [옮긴이] 앙리 베르그송이 『사유와 유동적인 것*La pensée et le mouvant*』에서 전통 형이상학과 신학을 비판하면서 언어를 단지 사유의 도구로 간주하는 "말하는 인간Homo loquens"과 구별하여 만들어낸 용어이다.

석학 전통에서 터득했으나, 이후에 특히 프로이트의 정신분석학을 해석학 쪽으로 끌어오는 과정에서 그 내용이 보다 충실해졌다.

정신분석 이론가이자 실제로 임상도 했던 카스토리아디스는 그와 같은 인류학적 원리를 정신분석에서 배웠으며, 특히 라캉의 영향을 받아 무의식은 언어처럼 구조화되어 있다고 본다. 카스토리아디스는 리쾨르와 마찬가지로 그러한 인류학적 원리에 근거하여 (상징적이고 상상적인 영역을 실재를 왜곡하는 일종의 겉치레로 간주하는) 마르크스주의의 기술 중심적 유물론에 이의를 제기하면서 행동과 제도들 고유의 상징적이고 상상적인 구성요소를 복권시킨다. 리쾨르가 클리퍼드 기어츠Clifford Geertz의 문화인류학에 화답하면서 이데올로기의 통합적(따라서 긍정적) 기능이라고 부른 것은 카스토리아디스가 "이차적 상징성la symbolique de second degré"이라 부른 것과 이 점에서 완벽하게 일치한다.[25] "제도

25 〔옮긴이〕 인간의 모든 경험 및 사회적 실재는 상징의 매개를 통해 형성된다는 클리퍼드 기어츠의 문화인류학적 명제는 리쾨르와 카스토리아디스가 "가장 가까이 다가가고 또 그들의 대화가 풍요로워지는 토대"(요안 미셸의 표현)가 된다. "〔…〕 인간의 경험―사건들을 겪으면서 실제로 살아가는 일―은 단순한 지각이 아니라, 가장 즉각적인 감각에서부터 가장 심사숙고한 판단에 이르기까지, 해석된 지각이며 또한 파악된 지각이다. 〔…〕 인간 존재에게 모든 경험은 형성된 경험이며, 따라서 그것의 형성을 가능하게 하는 상징적 형태들이 그것의 내적 구조를

는 상징으로 환원되지는 않지만 상징을 통해서만 존재할 수 있다. 제도는 이차적인 상징 바깥에서는 불가능하며, 각각의 제도는 고유의 상징 망을 구성한다. 주어진 경제 조직, 법체계, 제도화된 권력, 종교는 승인받은 상징체계로서 사회적으로 존재한다."[26]

따라서 리쾨르와 카스토리아디스는 바로 역사주의, 전체주의 그리고 기술 중심주의라는 세 가지 시련의 장에서 전적으로 같은 입장에 서 있고, 그 세 가지는 서로를 보강한다. 다시 말해 그들은 상징적이고 상상적인 차원에서 인간의 역사적 행동을 옹호한다는 점에서 정확히 의견이 일치한다. 물론 이러한 근본적인 일치에도 불구하고 이들이 같은 철학을 공유하는 것은 아니다. 이를 염두에 두지 않는다면 1985년 대담에서 두 사상가가 어째서 그토록 빈번하게 대립하며 부딪히는지 이해할 수 없을 것이다.

첫번째 대립은, 이들의 대화에서 분명하게 나타나지는 않지만, 사회적이고 정치적인 상상에 대한 각자의 이론의 핵심과 관련된다. 리쾨르와 카스토리아디스는 둘 다 속류 마르크스주의에 맞서 행동과 제도를 구성하는 상상의 긍정적 기능을 주장하지만, 상상을 구성하는 다른 요소들의 위상에 대

결정하게 된다"(클리퍼드 기어츠, 『문화의 해석』, 문옥표 옮김, 까치, 1998, p. 474).

26   Cornelius Castoriadis, *L'institution imaginaire de la société*, p. 174.

해서는 의견이 갈린다. 리쾨르는 마르크스적 의미의 이데올로기에 대해 어느 정도 타당성을 인정하면서 이를 독자적으로 받아들여 이데올로기-은폐(계급 관계들의 은폐)라고 부른다. 한편으로 이데올로기의 이런 부정적 기능을 인정한다는 것은 우리가 보았듯이 그 이전 단계에서 왜곡 없이 구성하는 상상이 있다고 전제하는데, 이는 마르크스와 그 후예들의 마르크스주의와는 공존할 수 없다.[27] 다른 한편으로 이러한 이데올로기-은폐의 인식론적 근거는 마르크스주의에서 주장하는 근거와는 전혀 다르다. 이는 리쾨르가 막스 베버를 따라 그 부정적 기능의 위상, 즉 어떤 권위에 대한 '요구'와 그 정당성에 대한 '믿음' 사이의 괴리를 사유하고자 하기 때문이다. 리쾨르는 베버가 간파한 바를 끝까지 밀고 간다. "우선 믿음에는 이해관계, 감정, 습관 또는 이성적 검토를 통해 합리적으로 이해될 수 있는 것 이상의 무언가가 있으며, 이데올로기의 문제는 바로 그 추가분, 그러니까 요구와 믿음 사이의 격차와 관련된다고 할 수 있지 않겠는가? 그리고 믿음직함과 관련된 그 격차를 메우는 것이 바로 이데올로기의 기능이 아니겠는가? 그렇다면 (이제 세번째 논증이다) 노동만이 아니

27   하지만 이러한 이데올로기-통합에 그 어떤 병리학적 성격은 없는지 생각해볼 수 있다. 실제로 리쾨르는 이데올로기의 그런 긍정적 기능을 라캉의 정신분석적 의미에서, 그러니까 이상화된 집단 이미지를 연출하는 데 기여하는 상징적 매개라는 의미에서 집단의 자기애적 구성요소("거울 단계")와 연결 짓고 있다.

라 권력과 결부될 수 있는 잉여가치 개념을 만들어내야 하지 않겠는가?"[28] 리쾨르의 독창적 발상은 베버에 근거해서 마르크스를 다시 살펴본 것으로서 우상 파괴적인 그의 사유 방식은 베버 이후의 마르크스주의라고 말할 수 있다. 사실상 노동자의 임금과 판매된 생산물의 상품 가치의 차이로 이해되는 잉여가치, 그리고 요구에 부여된 위상과 믿음에 부여된 위상의 차이로 이해되는 정치적 잉여가치 사이에는 어느 정도 유사성이 있다.

여기서 리쾨르가 말하는 의혹의 해석학의 문제가 제기된다. 리쾨르는 큰 성공을 거둔 "의혹의 거장들"이라는 표현을 만들어내기만 한 게 아니다. 오늘날 리쾨르의 철학이 미적지근하고 진부하다고 쉽게 말하는 사람들도 있지만, 1960~70년대의 리쾨르에게서는 그와 전혀 다른 급진적인 측면을 볼 수 있다. 비록 비판적 색채를 띠고 있긴 하지만 리쾨르는 마르크스, 니체, 프로이트라는 세 거장들이 구사한 의혹의 전략을 이어간다. 한편으로 『해석에 대하여De l'interprétation』는 프로이트의 정신분석에 대한 탁월한 설명이며, 리쾨르는 허위의식의 폭로라는 점에서 그 정당성을 인정한다. 또한 『해석의 갈등Le conflit des interprétations』 마지막 부분[29]에서는 니체의 반反도덕을 검토하면서 거짓 우상들과

28   Paul Ricœur, *L'idéologie et l'utopie*, p. 267.
29   〔옮긴이〕『해석의 갈등』 마지막 장인 제5장(「종교와 믿음」)을

허위의식 그리고 법 지배하에 살아가는 삶을 몰아낸다는 점에서 부분적으로 그 정당성을 인정한다. 끝으로『이데올로기와 유토피아L'idéologie et l'utopie』에서는 마르크스와 마르크스주의를 주로 다루면서, 정통적인 접근과는 매우 다른 방식이긴 하지만 왜곡으로서의 이데올로기 비판을 재개한다.

　　카스토리아디스는, 때로 약간 비꼬는 투로 마르크스주의는 마르크스가 정의한 의미에서의 이데올로기[30]가 되어버렸다고 단언하긴 하지만, 마르크스주의 인식론을 기반으로 상상을 사유하려고 하지는 않는다. 리쾨르와는 달리 카스토리아디스는 '방법'(상부구조와 하부구조 사이의 인과론적이고 기계론적인 접근)과 '내용'(은폐-왜곡으로서의 이데올로기)의 분리를 거부하기 때문이다. 물론 카스토리아디스도 병리적 상상들이 있다고 기꺼이 인정하지만, 정신분석학이 제공하는 수단을 통해 그것들을 대상화하려 한다. 무엇보다 개인 층위의 소외를 가져오는 장치를 사회-역사적 차원으로 옮겨서 그런 상상들을 "타자의 담론으로" 대상화하려 하는 것이다. "(타자의 담론이 일군의 개인들의 무의식과 의식의 규

말한다.

30　　"〔…〕 실재를 규명하고 변형시키기 위해서가 아니라 상상
　　　속에서 실재를 은폐하고 정당화하기 위해서 실재와 관련을 맺는,
　　　사람들이 말한 바와 다르게 행동하고 사실과 다르게 보이게 하는
　　　일군의 관념들"(Cornelius Castoriadis, L'institution imaginaire de la
　　　société, p. 16).

정과 내용으로서 본질적인 역할을 수행함에도 불구하고) 소
외와 사회적 타율이 '타자의 담론'으로만 나타나는 것은 아니
다. 또한 타자는 집단적 익명성 속에서, '시장의 경제 구조'나
'계획의 합리성' 또는 소수의 법이지만 모두가 따라야 하는
법의 비개인성 속으로 사라진다."[31] 리쾨르 또한 비슷하게,
정통적인 해석에 구애받지 않고 프로이트적인, 심지어 라캉
적인 접근 방식을 마르크스주의적 의혹의 전략과 연결시킨
다. 우리는 앞서 "거울 단계"의 재전유와 관련하여 이를 언급
한 바 있다. 그렇지만 리쾨르와 '초기 하버마스'와의 대화 또
한 언급해야 한다. 프로이트의 모델을 통해 공적 공간에서 언
어의 왜곡을 폭로할 수 있는 '심층 해석학'의 가능성을 발견
한, 또한 치료 모델을 통해 왜곡에서 벗어나 이상적인 의사
소통에 이르는 수단을 발견한 "하버마스는 마르크스와 프로
이트의 연결을 시도하면서 마르크스의 소외 개념에 상응하
는 것을 탈상징화 개념에서 찾을 수 있다고 주장한다. 그리고
로렌처[32]를 따라 정신분석 치료는 전이를 매개로 탈상징화
désymbolisation에서 재상징화resymbolisation로 나아가는 과정이
라고 단언한다. 하버마스는 [⋯] 비판 사회학은 이 점에서 정

---

31   같은 책, pp. 161~62.
32   [옮긴이] Alfred Lorenzer(1922~2002): 독일의 정신분석학자이자
      사회학자로서, 정신분석학을 생물학, 사회학 등의 영역으로
      확장시킨 학제적 연구의 선구자로 꼽힌다.

신분석과 대등하며, 자신들의 방식은 설명을 보다 광대한 해석 모델 안으로 통합하는 것이라고 주장한다."[33]

리쾨르는 이러한 접근 방식을 바탕으로 유토피아를 통해 이데올로기의 병리적 측면과는 거리를 두려고 한다. 유토피아는 망상일 수도 있지만, 주어진 질서를 뒤흔들고, 현존하는 세계의 잠재력을 다 실현하지는 못한다 할지라도 새로운 기대 지평들을 제시함으로써 세계를 전복시킬 수 있다는 긍정적 기능을 갖는다. 여기서 우리는 리쾨르와 카스토리아디스의 대화에서 언급된 **소급 효과** 개념을 다시 만나게 된다. 핵심은 사회적 현실로부터 거리를 둘 수 있는 유토피아의 역량에 달려 있다. 이데올로기가 사회질서를 보존하면서도 그 "병리적" 측면에서는 은폐한다는 점에서, 유토피아는 곧바로 이데올로기 비판이 되는 것이다.

리쾨르는 (마르크스의 유산인) 과학/이데올로기의 개념상의 대립을 이데올로기와 유토피아의 변증법으로 대체하려고 한다. 다시 말해 이데올로기에 관한 담론 자체가 이데올로기가 되지 않으려면 유토피아적 담론의 관점을 취하지 않으면 안 된다. 이데올로기는 유토피아의 잠재력을 통해 가면이 벗겨질 때 비로소 자기 모습을 드러낸다. 리쾨르가 보기에 하버마스적 의미에서의 제한 없고 제약 없는 의사소통이라

---

33   Paul Ricœur, *L'idéologie et l'utopie*, p. 303.

는 이상은 그런 유토피아적 기능을 충실하게 수행할 수 있다.

이는 카스토리아디스가 동의할 수 없는 관점이다. 카스토리아디스는 유토피아를 현실 밖으로의 도피로 비판할 뿐 아니라, 리쾨르가 말하는 하버마스적 의미의 유토피아에 대해서도 비판적이다. "보다 최근에 하버마스가 이 용어를 다시 사용한 바 있다. 그 용어는 마르크스주의와 마르크스-레닌주의의 전적인 오류 가능성이 제기된 이후, '마르크스 이전'의 향기가 더해진 유토피아적 사회주의로의 변모를 환기함으로써 현 체제에 대한 모호한 비판을 정당화하는 것처럼 보이지만, 전혀 그렇지 않다. (신칸트주의 철학자가 아닌 이상) 존재할 수 없는 것으로부터 존재하는 것을 어떻게 비판할 수 있는지 이해할 수 없기 때문이다."[34] 다시 말해 카스토리아디스에게 유토피아는 (결국 마르크스주의적 의미에서) 기만적인 개념이다. 그래서 카스토리아디스에게는 유토피아와 기획 projet의 구별이 매우 중요하다. 유토피아가 다가갈 수 없고 결국 실천적 행동과는 맞지 않는 "일종의 북극성"인 데 반해, (자율적) 기획은 (그리스의 폴리스, 파리 코뮌, 소비에트, 노동자 협의체 등에서 볼 수 있듯이) 역사의 흐름에서 이미 실현되었을 뿐만 아니라, "개인들과 인민의 명철한 활동, 그들의 이해와 의지 그리고 상상력"이라는 조건 아래 지금 여기

---

34   Cornelius Castoriadis, *Une société à la dérive*, Paris : Seuil, 2005,
      p. 17.

서 실현될 수 있고 실현되어야만 하는 것이다.

　카스토리아디스가 유토피아를 거부하는 이유는 궁극적으로는 그가 (자율을 향해 사회를 근본적으로 변화시키려는) 혁명적 기획을 지지하기 때문이다. 역으로 리쾨르가 유토피아를 지지하는 것은 그가 혁명주의자가 아니기 (혹은 더 이상 아니기) 때문이다. 사실 1985년에 이루어진 이들의 대화에서 혁명적 기획의 문제는 수면 위로 거의 드러나지 않는다. 하지만 인간 행동의 역사적 조건에 관한 두 사람의 의견 대립에는 바로 이 문제가 깔려 있다. 서로 다른 그들의 인식론적 입지는 다시 한번 **정치적 중층결정**을 바탕으로 한다. 카스토리아디스는 이미 존재하는 의미 질서에서 유래하지 않는, 즉 근본적으로 새로운 의미의 생산으로서의 제도를 창설하는 사회적 상상을 원하는데, 그런 전망 자체가 자율을 향한 혁명적 기획과 분리되지 않는다. 반대로 리쾨르는 새로운 사회적 의미와 형상들은 무無에서 창조될 수 없으며 제도는 언제나 이미 존재하고 있는 제도들에서 생겨난다고 본다. 그러한 입장은 이미 존재하는 것을 개의치 않고 사회를 근본적으로 바꾸려는 기획에 대한 불신과 그의 정치적 개혁주의로부터 분리되지 않는다. 리쾨르는 해석학 전통과의 만남, 정치적 성찰, 그리고 특히 아렌트의 사상(백지상태의 혁명은 공포정치나 전체주의 같은 파국으로 이어진다)을 통해 이러한 불신을 갖게 되었다. 리쾨르가 이데올로기와 유토피아를 변증법적인 관계로 파악하려 하는 것도 바로 그러한 이유 때문이다.
이는 (대담에서도 언급되는) 코젤렉Reinhart Koselleck의 "경험
공간espace d'expérience"과 "기대 지평horizon d'attente" 사이의
변증법을 떠올리게 한다. 한편으로, 우리가 이미 보았듯이,
유토피아는 화석화된 이데올로기 질서에서 거리를 두고 그
질서를 전복시킬 수 있게 한다. 다른 한편, 그와 반대로, 유토
피아가 현실 도피의 명분이 되거나 거리 두기 기능을 상실하
면 통합과 경험 공간이라는 이데올로기의 긍정적 기능이 정
당화된다. 이데올로기는 그러한 통합 기능을 통해 가능태들
의 유토피아와 몽상적 유토피아를 구별하게 해준다. 긍정적
의미에서의 이데올로기가 유토피아의 몽환적 경향을 억제한
다면, 역으로 유토피아는 다른 존재 가능태들을 제시하는 긍
정적 기능을 통해 이데올로기의 수구적이고 은폐하는 경향
으로부터 거리를 두게 해준다.

　　역사적 과정의 실질적이고 근본적인 변혁을 배제하는
그런 변증법을 카스토리아디스는 받아들일 수 없다. 거리를
두는 것과 변혁하는 것은 다르기 때문이다. 특히 카스토리아
디스가 글을 쓰고 투쟁하던 역사적 상황을 고려할 때 가장 주
목할 만한 그의 독창성은, 생을 마칠 때까지 (오랫동안 혁명
적 기획의 합법적 독점권을 지니고 있다고 여겨진) 마르크스
주의를 청산한 혁명적 기획을 유지했다는 데 있다. 물론 혁
명가가 되는 과정에서 젊은 시절에는 마르크스주의에 기울

기도 했지만, 카스토리아디스는 무엇보다 '사회주의냐 야만이냐'의 동지들과 더불어 소비에트의 전체주의 체제만이 아니라 마르크스주의 자체에 대해서도 가차 없는 비판을 가했던 선구자로 꼽힌다. 그의 선택이 갖는 의미는 바로 "혁명적 마르크스주의에서 출발한 우리는 이제 마르크스주의자로 남느냐 아니면 혁명가로 남느냐 사이에서 선택해야 하는 지점에 이르렀다"는 것이다.[35] 분명 카스토리아디스의 반-마르크스주의는 단순하지 않다. 마르크스를 비판하면서도 그의 엄청난 저작에 대해 끊임없이 경의를 표하고 있을 뿐만 아니라, 노동자의 해방과 자기조직화auto-organisation에 힘입어 현존하는 현실의 상태를 제거할 수 있다는 청년 마르크스의 역사철학에 대해서도 분명한 관심을 쏟기 때문이다(사실 이는 리쾨르의 경우에도 마찬가지이다). 카스토리아디스는 대중이 (스스로 만들어내지 않은 상황 속에서) 어떻게 파리 코뮌과 같은 새로운 형태의 사회적·정치적 행동을 창조할 수 있는가에 성찰의 초점을 맞춘 마르크스에 공감한다. 하지만 마르크스에게 그런 기획은 직관적 상태를 벗어날 수 없다고 본다. 그것은 혁명적 기획과 결코 양립할 수 없는 과학만능주의적

---

35   Cornelius Castoriadis, *L'institution imaginaire de la société*, p. 21. 필리프 코미에르의 설명 또한 참조할 것. Philippe Caumières, "Au-delà du marxisme. L'apport de la critique castoriadienne du marxisme," Aurélien Liarte et Philippe Georges(éds.), *Imaginer avec Castoriadis*, Paris: Ovadia, 2013.

역사주의와 생산력 결정론에 빠진 역사철학의 "두번째 요소 second élément"에 짓눌리고 말 것이다. 계속 혁명적이기 위해서는 마르크스주의와 절연해야 한다는 필요성이 바로 거기서 비롯된다.

이처럼 카스토리아디스가 혁명가로 남기 위해서 결국 마르크스주의를 거부하게 된 것과는 정반대로, 리쾨르는 모든 혁명적 기획을 거부하면서도 마르크스주의의 요소들을 간직했다고 말할 수 있다. 그러나 이번에도 실제로는 좀더 복잡하며, 역사화하는 요소들이 필요하다. 거의 알려지지는 않았지만 리쾨르 또한 젊은 시절(1930년대)에는 마르크스주의적이고 혁명적이었다. 사회주의 노동자 인터내셔널 프랑스 지부SFIO[36]에 가입하면서 매우 일찍 좌파에 참여했으며, 인민전선Front Populaire과 갓 태어난 스페인 공화파 정부[37]를 지지했던 리쾨르는 이 시기에 『에트르Être』와 특히 (무정부주

---

36   〔옮긴이〕 프랑스 사회당의 옛 명칭이다. 1905년에 창설되었으며, 1969년 이시레물리노Issy-les-Moulineaux 협의회에서 노동자 조직과 연합하면서 좌파의 혁신을 위해 사회당으로 이름을 바꾼다.

37   〔옮긴이〕 군부 독재로 제2공화국이 혼란에 빠져 있던 1936년 2월 총선 결과 스페인 사회노동당, 공화좌파당, 스페인 공산당 등으로 구성된 인민전선이 승리했다. 의회를 장악한 인민전선은 토지 개혁을 포함한 개혁 정책들을 시행한다. 이에 스페인의 지주, 자본가, 로마 가톨릭교회의 불만이 고조되었고, 1936년 7월 17일 스페인령 모로코에 머물고 있던 프랑코와 스페인 군부가 반란을 일으켜 내전이 시작된다.

의 코뮤니스트 경향의) 극좌파 잡지 『테르누벨*Terre Nouvelle*』
에 논문을 기고했다.[38] 프랑수아 도스도 지적하다시피 다소
엉뚱하다고도 할 수 있는 리쾨르의 이런 참여는, "그리스도
를 위해서 좌파에 투표하라"라는 슬로건에서 볼 수 있듯 기
독교적인 신념과 겹친다는 점이 독특하다.

　나아가 「정치적 역설」을 포함하여 특히 『에스프리』에
발표된 1950~60년대 리쾨르의 전투적인 논문들을 보면, 소
비 경제 및 인간에 의한 인간의 착취 경제로 간주되는 자본주
의 시스템에 대한 비판은 단순히 마르크스주의적 비판의 잔
재로 보기 어렵다. 하지만 우리가 보았듯이 그와 동시에 혁
명적 열정은 사라졌고, 이른바 사회주의적인 체제의 개혁을
위한 교육적 면모가 부각된다. 그럼에도 불구하고 리쾨르는
(물론 나중에 과격화된 마오주의자는 단호하게 거부하지만)
1968년 5월의 학생운동에 대한 공감은 부인하지 않는다. 리
쾨르의 (혁명적이지는 않은) 마르크스주의적 요소들은 1970
년대에도 남아 있는데, 특히 이데올로기와 유토피아를 주제

38　　이와 관련된 전기적 내용들은 프랑수아 도스의 책을 참조할 수
　　　있다. François Dosse, *Paul Ricœur. Les sens d'une vie*, Paris: La
　　　Découverte, 1997(재출간: 2008), pp. 49~51. 〔옮긴이〕 리쾨르는
　　　1937년 『테르누벨』에 프랑코 정권을 비난하는 글을 기고하고,
　　　이후 프랑코가 있는 한 결코 스페인에 가지 않겠다고 친구들과
　　　함께 맹세한 후, 평생 그 약속에 충실했다. 그는 노년에 이르러서야
　　　피레네산맥을 넘었다.

로 시카고 대학에서 한 강연들은 그가 비판 이론과 결코 단절하지 않았음을 보여준다(이 시기에 리쾨르의 비판 이론은 눈에 띄게 하버마스 쪽으로 기울어져 있었다). 마르크스에 대한 리쾨르의 언급은 이후 존 롤스의 저작을 만나게 되는 1990년대에 이르러서야 보다 신중해진다. 이러한 전환점 이후로 리쾨르는 시장경제에 대해서 분명하게 옹호하는 태도를 보이지만 경제주의, 더구나 신자유주의 형태의 경제주의에 대해서는 강력하게 거부한다. 사회정의와 관련된 원칙들에 대한 집념, 그리고 가장 진보적인 정치적 유토피아에 대한 공감과 애정이 여전히 그의 사유를 이끌었던 것이다. 리쾨르와 카스토리아디스는 '반-전체주의 좌파'의 성운에 같이 속해 있지만, 바로 이 점에서 리쾨르는 마르크스주의에 대한 믿음을 거부하며 (새로운) 혁명이라는 이상 자체가 종언을 고한 것처럼 보이는 사회에서도 생의 말년까지 혁명적 이상을 결코 버리지 못한 카스토리아디스와 다르다.

요안 미셸

역사와 사회적 상상에 관한 대화는 1985년 3월 9일 프랑스퀼튀르France Culture[1]에서 방송된 〈르 봉 플래지르〉[2]의 대담을 편집해서 나중에 붙인 제목이다. 리쾨르가 카스토리아디스를 초청해서 이루어진 이 대담의 발췌분은 국립시청각연구소INA[3]의 아카이브에 보관되어 있다. 녹음된 이들의 대화를 조에 카스토리아디스Zoé Castoriadis[4]가 옮겨 쓴 원고가 있었다. 녹음본을 직접 받아 적은 것이라 단편적인 면이 없지 않

1   〔옮긴이〕 프랑스 공영 라디오 방송 매체인 '라디오 프랑스'의 한 채널로 문학과 예술, 역사, 철학 등의 주제를 다룬다.

2   〔옮긴이〕 프랑스퀼튀르의 방송 프로그램으로 '즐거움'이라는 뜻이다. 리쾨르 편은 1985년에 처음 방송되었고, 2023년 2월에 팟캐스트로 다시 방송되었다. Paul Ricœur, "La pensée philosophique est argumentante, une pensée de l'ordre des concepts." https://www.radiofrance.fr/franceculture/podcasts/les-nuits-de-france-culture/le-bon-plaisir-paul-ricoeur-1ere-diffusion-09-03-1985-9746030.

3   〔옮긴이〕 프랑스의 라디오, 텔레비전에서 방송된 시청각 자료의 아카이브를 구축하기 위해 1975년에 설립된 기구로 미디어 분야의 연구와 교육도 함께 수행하고 있다.

4   〔옮긴이〕 카스토리아디스는 정신분석가였던 첫번째 부인 피에라 올라니에Piera Aulanier와 헤어진 후 아테네 출신의 건축가이자 공학도인 조에 크리스토피데스와 결혼했다.

지만 소중한 자료이다. 우리는 그 자료를 라디오 방송 자료와 당시 프랑스퀼튀르에 제출된 타자 초록(리쾨르 재단 아카이브에서 찾아볼 수 있다)과 대조하면서 검토하기로 했다.

생생한 대화를 글로 옮겨 적는 과정에서 텍스트를 계속 다듬어가면서 다시 쓸 수밖에 없었으며(적어도 여덟 번은 고쳐 썼다), 리쾨르와 마찬가지로 카스토리아디스의 말투에 익숙한 전문 연구자들의 능력도 필요했는데, 나를 포함하여 카트린 골든슈타인Catherine Goldenstein, 파스칼 베르네Pascal Vernay, 올리비에 프레사르Olivier Fressard가 그 일을 맡았다. 그렇게 만들어진 이 글이, 무엇보다 라디오로 방송된 대담을 옮겨 쓰는 작업이 갖는 내적 한계 때문에 완벽하지는 못하겠지만, 두 철학자가 보기에 부족함이 많지 않기를 바란다. 리쾨르 재단의 편집위원회와 카스토리아디스의 상속인들이 신뢰를 담아 이 대담의 출판을 허락해준 데 감사드리며, 아울러 〈오디오그라피Audiographie〉 총서로 발간할 수 있게 해준 사회과학고등연구원EHESS 출판부와 에마뉘엘 데보Emmanuel Désveaux에게도 감사의 뜻을 전한다.

요안 미셸

역사와 사회적 상상에
관한 대화

코르넬리우스 카스토리아디스: 폴 리쾨르 당신과 이야기를 나눌 수 있어서 얼마나 기쁜지 새삼 말할 필요는 없겠지요. 또 이렇게 당신의 〈르 봉 플래지르〉[1]에 나를 대화 상대로 불러주셔서 영광으로 생각합니다. 알고 계시겠지만, 68 직후 내가 당신을 찾아가서 상상적 기본 요소를 주제로 한 국가 박사 학위 논문 계획서를 제출한 적도 있지요. 물론 그 논문은 그때 그대로 기본적이고 상상적인 상태로 남았지만요…

폴 리쾨르: 당신이 책으로 출간한 것은 기본 이상이었지요. 나도 "사회의 상상적 생산"[2]을 여러 번 언급한 바 있습니다. 결국 사회적 관계들과 사회적 생산에서의 상상의 근원, 이 문제가 우리의 공통 관심사인 거죠.

카스토리아디스: 맞습니다. 하지만 나로선 생산이 아니라 '제도'의 창설이라고 말하고 싶군요. 신중히 생각한 끝에 선택한 용어죠. 그래서 '생산'이라는 용어와 관련하여 질문을 드리고 싶습니다. 스콜라 철학의 논쟁처럼 보일 수도 있겠지만, 당신과 말싸움을 할 생각은 전혀 없습니다. 칸트는 상

---

1   〈폴 리쾨르의 르 봉 플래지르〉, 프랑스퀼튀르, 1985년 3월 9일 방송.

2   카스토리아디스의 저서 『사회의 상상적 제도』(Paris: Seuil, 1975)에 대한 언급이다.

상력에 대해 이야기하면서 '생산적'이라는 용어를 사용하지요...3

리쾨르: 나 역시 그 계보에 속합니다.

카스토리아디스: 상상력에 대해 "창조적"이라는 말은 세번째 『비판』에서 단 한 번, 그냥 스쳐 지나가듯 부르는 게 전부입니다. 칸트가 『판단력 비판』을 쓰면서 18세기 문학에서 영

3   〔옮긴이〕 칸트는 『순수이성비판』에서 상상력을 "대상의 현존 없이도 (대상을) 직관하는 능력" "직관 중에 대상이 지금 존재하지 않지만, 대상을 표시하는 능력" 또는 "직관의 다양을 종합하는 능력" 등으로 정의한다. 상상력은 '재생적' 상상력과 '생산적' 상상력으로 구분되는데, 재생적 상상력은 연상의 법칙(유사성, 인접성, 선후성)에 종속되는 상상력이며, 생산적 상상력은 특정 조건이 성립하면 산출될 수도 있는 가능적 대상의 상을 형성하는 능력으로서 몽상이나 꿈, 환상 등을 말한다. 칸트는 취미 판단과 숭고 판단에서 생산적 상상력이 작용한다고 본다. 실제로 이 대담에서 리쾨르와 카스토리아디스가 자주 언급하는 '상상l'imaginaire'이라는 용어는 이들의 사유에서 매우 중요한 자리를 차지한다. 여기서 이들이 말하는 상상은 주관성의 구성적 특징으로서 타자만이 아니라 자기 자신을 식별하고 이해할 수 있는 능력이며 따라서 정체성 문제의 핵심 구성요소가 된다. 리쾨르의 사유에서 상상력이 차지하는 위치에 관해서는 다음을 참조. Michaël Fœssel, "Paul Ricœur ou les puissances de l'imaginaire," *Ricœur*, Textes choisis et présentés par Michaël Fœssel et Fabien Lamouche, Paris: Seuil/Points, 2007 ; Jean-Luc Amalric, *Paul Ricœur, l'imagination vive. Une genèse de la philosophie ricœurienne de l'imagination*, Paris: Hermann, 2013.

감을 많이 얻었고 또 영국 작가들을 자주 언급한 걸 보면 그냥 우연히 나온 말은 아닐 겁니다. 그렇지만 내가 보기에 '생산'이라는 용어는 이미 마르크스와 너무 밀착되어 있습니다. 하이데거와도 이어져 있고요.

리쾨르: 그럴 수도 있겠군요… 하지만 사실 내가 말한 생산은 마르크스 이전, 즉 피히테적인 의미입니다. **생산하다** produzieren,[4] 이건 피히테가 쓴 말이잖아요. 내가 창조직이라기보다는 생산적인 상상력이라는 개념에 이끌리게 된 것은, 창조라는 관념에는 극히 시원적인 어떤 것, 신성한 창시자의 질서와 관련된다고 할 수 있는 어떤 것이 들어 있다고 보았기 때문입니다. 반면에 인간적인 차원에서 우리는 언제나 어떤 제도적 질서 속에 있지요. 바로 그 속에서 우리는 **창조하다**와 다른 **생산하다**를 만날 수 있고요. 생산은 재생산과 함께 살펴봐야 할 것 같습니다. 이미 있는 어떤 것을 복제해서 재생산하는 것에 지나지 않는 상상력과는 달리, 생산은 본질적으로 새로운 종합, 새로운 형상을 만들어내는 거죠. 내가 은유의 언어 차원에 관심을 갖는 것도 그 때문입니다.[5] 우리는 서

---

4   요한 고틀리프 피히테Johann Gottlieb Fichte에게 있어 반성은 그 자체로는 비어 있다. 그러므로 반성은 생산produzieren을 내포한다. 즉 무언가의 혹은 무언가에 대한 반성(이미지, 개념…)이다.

5   Paul Ricœur, *La métaphore vive*, Paris : Seuil, 1975.

로 다른 의미장을 교차시키면서 새로운 의미를 생산한다는 것입니다. 지금은 내가 이야기에 관해 작업하고 있으니 줄거리 구성을 수단으로 하는 서사적 형상들의 생산을 통해 스토리가 생산된다고 말해야겠군요.[6] 내가 생산이라는 낱말을 사용하는 것은 그런 의미입니다.

카스토리아디스: 우리를 가장 가깝게 이어주면서 가장 멀리 떨어뜨리는 것의 한복판으로 들어왔군요. 이 방송을 기회로 당신을 더욱 잘 이해하게 되었으면 합니다. 당신은 '생산' '재생산'이라는 용어를 사용하면서 심지어 아직 거기 있지 않은 것들의 조합도 재생산이라고 하는군요! 그런데 내 입장에서는, 예를 들어 고대 그리스의 도시 **폴리스**나 6세기에 떠오른 철학을 이미 있는 요소들의 단순한 재조합이라고 생각할 수는 없습니다. **폴리스**가 **폴리스**로 창설되는 것은 그것이 의미를 창조하기 때문이죠. 바로 그 의미를 통해 **폴리스**로 창조되는 겁니다.

6   Paul Ricœur, *Temps et récit*. Tome I: *L'intrigue et le récit historique*, Paris: Seuil, 1983; Tome II: *La configuration dans le récit de fiction*, Paris: Seuil, 1984; Tome III: *Le temps raconté*, Paris: Seuil, 1985. [옮긴이] 서문에서도 언급하고 있지만 이 대담이 이루어진 1985년 3월에 리쾨르는 이미 『시간과 이야기』 세 권 가운데 두 권을 펴낸 상태였고, 몇 달 뒤 3권의 출간을 앞두고 있었다.

리쾨르: 하지만 생산의 경험은 결코 그런 형태로 주어지지 않지요! 당신이 제시하는 것은 생산의 신화입니다. 폴리스는 잠시 제쳐두고, 우리의 경험이라 할 수 있는 것에 대해 말해봅시다. 언어 차원에서의 생산 문제를 예로 들자면, 거기서 모든 생산은 규칙을 따르죠. 규칙을 따르지 않는 생산은 이해할 수가 없어요. 그러니까 우리가 무언가를 생산할 때 그 전부를 생산하는 것은 아니라는 말입니다. 물론 "이미 있는 요소들"이 아니라는 당신의 주장에는 전적으로 동의합니다. 사실 내가 지금 하는 이야기 분석에서도 선행하는 요소들은 없음을 보여주려 했습니다. 사건들을 조합해서 이야기를 구성할 때, 그 사건들이 이야기의 변수로 있는 건 아니라는 것이죠. 프랑스 대혁명의 사건들을 이야기할 때 가능한 다른 방식들을 예로 들어봅시다. 이야기에 따라, 다시 말해서 토크빌의 줄거리 구성이냐, 오귀스탱 코생의 줄거리 구성[7]이냐, 아니면 퓌레의 줄거리 구성[8]이냐에 따라 사건의 의미는 다양하게 드러납니다. 그래서 선행 요소들의 조합이라고 말할 수 없는 거죠. 그건 일종의 관념 연합론적 관점이라고 할 수 있겠죠.

---

[7]   Augustin Cochin, *L'esprit du jacobinisme. Une interprétation sociologique de la Révolution française*, Paris : PUF, 1979.

[8]   François Furet, *Penser la Révolution française*, Paris : Gallimard, 1985.

카스토리아디스: 하지만 레비-스트로스가 명백하게 밝혔듯이 그것은 구조주의적 관점입니다.

리쾨르: 내 관점은 그와는 다릅니다. 구조주의적 관점은 여러 종류의 원자들이 있고, 그것들이 다르게 결합될 수 있다고 보는 거니까요.

카스토리아디스: 사회마다 각기 주사위를 던지는 거고요.

리쾨르: 정태적인 관점에서 보면 그렇겠지만, 생산적 관점에선 그렇지 않지요. 이때 정태적 관점이란, 하나의 조합을 고정된 '요소들'의 집합으로 간주하고, 최종적으로는 각기 서로 불연속적인 정태적 구조들로 재구성하는 것을 말합니다. 반면에 내가 줄거리 구성이라고 부르는 것은 움직이고 있는 과정으로, 그 속에서 '요소들'은 사건에서 이끌어낸 교훈에 따라 새롭게 빚어집니다. 하나의 사건은 이야기되는 스토리 속에서 맡고 있는 역할에 의해 결정됩니다. 누구에게는 사건이지만 다른 누구에게는 사건이 아닌 거죠. 바스티유 함락이 어떤 줄거리 구성에서는 사건이 아닐 수 있고, 다른 줄거리 구성에서는 기원이 될 수 있습니다. 따라서 선행한다고 말할 수 있는 고정 요소는 없는 셈입니다. 내가 말하고 싶은 것은 우리는 오로지 규칙에 준해서 생산할 수 있으며, 우리가 생산할

때 그 전부를 생산하는 것은 아니라는 점입니다. 우리가 무언가에 대해 말하려면 그전에 이미 주어진 말이 있어야 하기 때문이지요. 놀이의 규칙에 대해선 사람들이 이야기도 많이 했고 또 그 규칙들도 세웠습니다. 우리가 할 수 있는 것은 그 규칙들을 말로André Malraux가 "규제된 변형"[9]이라고 불렀던 것 속에 다시 갖다 놓는 겁니다. 우리는 규제된 변형에 따라 나아가지만, 언제나 전-구조화된 것, 즉 이미 구조화된 것 속에서 재-구조화할 뿐입니다. 그래서 우리는, 마치 부정형의 절대에서 형태를 끌어내듯이, 당신이라면 창조라고 부를 그런 상황 속에 절대로 놓일 수 없는 겁니다.

카스토리아디스: 생산이 아니라 창설이고, 제도의 창설이라는 관념이 내 작업의 중심에 있는 게 바로 그 때문입니다. 사회의 자기-제도화auto-institution는 우리가 언제나 이미 규제된 것 속에서 규칙을 조작하거나 수정하면서, 하지만 또한 새로운 규칙을 제시하고 창조하면서 작업하고 있음을 내포하죠. 그게 바로 우리의 자율입니다.

---

9   앙드레 말로가 『침묵의 목소리Les voix du silence』(t. 3. La création artistique, Paris: Gallimard/NRF, 1951)에서 사용한 표현은 "일관성 있는 변형déformation cohérente"인데, 리쾨르는 "규제된 변형déformation réglée"이라고 말하고 있다.

리쾨르: 절대적 새로움이라는 관념은 생각할 수가 없습니다. 새로운 것이 있으려면 옛것과의 단절이 필요하죠. 우리에 앞서 이미 규제된 것이 있고, 우리는 다르게 규제하기 위해 그것을 무너뜨리는 것이니까요. 그것은 이를테면, 창조의 첫날 같은 그런 상황은 아닙니다.

카스토리아디스: 모든 문제가 바로 거기에 있습니다. 시간성을 그리고 시간성 속의 존재를 사유하는 방식 말이죠. 물론 꼭 당신의 관점이라고는 할 수 없겠지만, 모든 것이 미리 결정되어 있고, 가능태들의 원장元帳, grand livre 속에 이미 논리적으로 기재되어 있는 것처럼 보입니다. 물질적인 그리고 정신적인 혹은 의미를 지닌 이 본질적인 요소들로부터 조합들이 생산되고, 다시 다른 조합들이 가능해지고 그런 식으로 계속 이어진다는 거지요. 그렇지만 시간성을 다른 방식으로 생각하면 존재 층위에서의 출현을 보게 됩니다. 전적으로 경험적인 것을 예로 들어보죠. 지구상 최초의 살아 있는 세포는 원시 대양과 관련하여 새로운 것을 보여줍니다. 물론 절대적으로 새로운 것은 아니죠. 그 세포는 나름의 규칙을 따릅니다. 그 많은 규칙들을 다 어길 수는 없으니까요. 마찬가지로 바그너는 오페라를 작곡하면서 음악 고유의 어떤 법칙들, 자신의 생물학적 신진대사와 관련된 다른 법칙들, 다른 사람들과의 관계 등을 다 바꿀 수는 없었습니다. 그럼에도 그는 이

전에는 터무니없는 불협화음이었던 것이 새로운 화음이 될 수 있음을 보여주었죠. 그리스인들이 수학을 창조했을 때, 그들은 극소수의 공리로부터 그리고 주어진 규칙에 따라 증명한다는 관념을 창조한 것입니다. 이때 바빌로니아인들이나 이집트인들이 어떤 선구적 역할을 했는가는 별 상관이 없지요.

리쾨르: 아, 무슨 말을 하는지 알겠네요! 앞에서 우리가 가장 가까이 다가서는 지점과 가장 멀어지는 지점에 대해 이야기했는데, 지금 우리는 가장 가까이 있습니다. 여기서 나는 사유된 사건événement pensé이라는 개념을 주장하고 싶군요. 사유된 사건들이 있고, 혁신적인 사건들이 있죠. 하지만 변증법적으로 사유해야 합니다. 우리는 어떤 조건 아래서만 혁신을 생각할 수 있는데, 우선 이전의 형상들이 있어야만 한다는 것이지요. 그건 당신이 조금 전에 말한 가능태들을 기재하는 불변의 장부와는 전혀 다릅니다. 가능태들의 거대한 보물창고 같은 것이 있어서 언제든 꺼내 쓸 수 있는 그런 게 아니죠. 그런 것은 존재하지 않습니다. 앞선 형상들이 있고, 우리는 그것을 다시 형상화하고, 그렇게 계속 형상화를 이어가는 거죠. 또 당신은 고대 그리스의 합리성, 그리스의 기적에 대해서도 이야기했는데… 그 경우도 지나치게 과장할 필요는 없지요! 앞선 것이 있었고… 시행착오를 거치고 암중모색한 끝에 이

루어진 것이니까요. 플라톤 시절에도 에우독소스학파를 비롯해 여러 학파가 있었고, 다섯 가지 정다면체를 발견한 방식도 마찬가지입니다.[10] 이 모든 것이 조금씩 새롭게 나타나서 쌓여가지만, 그것들은 이미 배치되어 있는 것, 시행착오들, 결실을 맺지 못한 시도들에서 출발한 거죠. 코페르니쿠스와 케플러의 우주론적 표상도 그 이전에 있던…

카스토리아디스: 에라토스테네스[11]가 있었지요.

리쾨르: 우리는 결코 무無에서 어떤 것으로 넘어갈 수 없습니다. 어떤 것에서 어떤 것으로, 그 어떤 것에서 또 다른 것으로 가는 거죠. 다시 말해 형상화된 어떤 것에서 형상화된 다른 것으로 갈 뿐, 결코 형태가 없는 것에서 형태로 넘어가지는 않습니다. 이성의 지나친 무정부주의 상태에 한계를 설정

10 〔옮긴이〕 정다면체 또는 플라톤의 다면체는 볼록 다면체 중에서 모든 면이 합동인 정다각형을 말하며, 정사면체, 정육면체, 정팔면체, 정십이면체, 정이십면체의 다섯 종류만이 존재한다. 몇몇 자료들은 플라톤의 다면체 발견이 피타고라스의 업적이라고도 하지만, 피타고라스는 오직 사면체, 육면체, 십이면체만 발견했고, 팔면체와 이십면체는 테아이테토스가 발견했다는 자료도 있다.

11 〔옮긴이〕 Eratosthenes(B.C. 276~B.C. 194): 고대 그리스의 수학자이자 철학자로서 역사상 최초로 지구 반지름을 측정했으며 소수를 찾는 방법인 '에라토스테네스의 체'를 고안해낸 것으로 유명하다.

하면서 내가 말하려 했던 것도 그것입니다. 이성은 스스로를, 하지만 혁신과 침전의 변증법에 따라 이어갑니다. 탐구하고 사유한 것, **말해진 것**, 우리 이전에 말해졌던 것이 침전되어 있죠. 우리가 다른 것을 말할 수 있는 건 이미 말해진 것이 있기 때문입니다. 때때로 우리가 더 잘 말할 때도 있지만, 그래도 우리는 스스로 고쳐나가면서 쌓여가는 말하기un dire의 연속 선상에 머물러 있습니다. 당신이 미셸 푸코와 얼마나 가까운지는 모르겠지만 그의『지식의 고고학』[12]과 관련하여 토론을 할 수 있을 것 같군요. 과연 한 에피스테메épistémè에서 다른 에피스테메로 단숨에 뛰어넘는 것과 같은 전적인 불연속성을 생각할 수 있을까요? 푸코의 방식은 언어, 생물학적 분류, 경제, 화폐 등 서너 가지 영역에서는 아주 뛰어납니다. 그러나 한 계통에 단절이 있으면 다른 계통에는 연속성이 있죠. 그 몇 가지 영역에서 에피스테메가 바뀌었다고 해서 수학이나 신학 또는 법학에서, 특히 지속적인 존재에서 에피스테메가 바뀌는 건 아닙니다. 아마도 우리는 여기서 더 이상 의견의 일치를 보지 못할 텐데, 그래도 이 문제에 대해 좀더 얘기해보죠. '창설하다'라는 용어의 쟁점과 관련되니까요. 내가 보기에 모든 사유의 단절 이면에는 연속적인 배경이, 인류 공동체의 연속성을 이루는 배경이 있습니다. 제도의 창설 이전

---

[12]   Michel Foucault, *L'archéologie du savoir*, Paris: Gallimard, 1969.

에 나름의 연속성을 갖는 함께-살아가기vivre-ensemble가 있죠. 함께 살아가기 때문에 스스로를 제도화하고, 다시 제도화하고, 단절을 통해서, 하지만 전승되고 물려받은 유산, 말하자면 '바소 콘티누오' 같은 유산을 바탕으로 스스로를 구성할 수 있는 거죠…

이런 분석은 존재의 연속성 그리고 제도를 창설하는 활동들의 바탕으로서의 함께-살아가기의 영속에 어떤 우선권을 부여하고, 의미의 불연속성을 존재의 연속성 위에 놓을 수 있도록 합니다. 의미/존재의 관계가 있으며, 단절, 사건, 갑작스러운 출현 등은 의미의 차원에서 일어나는 거죠.

조금 전에 당신은 생물학의 예를 들었지만, 인간의 돌연변이는 더 이상 없습니다. 우리는 세대로 이어지는 생물학적 연속성 속에 있고, 마찬가지로 우리 사유의 불연속성 뒤에는 살아 있는 인간들의 연속성이 있지요. 바로 그런 관점에서 나는 제도들의 창설을 통한 불연속성이라는 개념에 대한 주장(영어로 진리나 타당성에 대한 주장truth claim[13]이라고 할 때의 'claim'의 의미)에 한계를 설정하고 싶었습니다.

카스토리아디스: 당신이 존재 층위가 아닌 의미 층위에서의 불연속성을 받아들인다면 전혀 문제 될 게 없습니다. 하지만

13   〔옮긴이〕영어로 'truth claim'은 프래그머티즘 철학에서 아직 경험적으로 증명되지 않은 가설에 대한 주장을 말한다.

내가 논쟁을 벌이고자 했다면 당신은 내가 필요로 하는 것을 내준 셈입니다. 존재론적으로 볼 때 역사로서의 사회는 의미에 속한다는 게 내 생각이니까요. 수단 대통령 니메이리[14]나 아야톨라 호메이니[15]와 우리 사이에 불연속성을 설정할 수 있는 것도 바로 그 층위에서입니다. 그렇지 않다면 우리는 모두 말하는 두발짐승에 지나지 않을 것입니다. 우리는 모두 유대교적 과거, 즉 성서 종교의 과거에 닻을 내리고 제도화된 사회 속에 살고 있습니다. 하지만 단절과 불연속성이 의미 층위에서 일어나고, 게다가 도둑이나 간음죄를 범한 사람에게 손이나 사지를 절단하는 것과 같은 다른 단절들도 따라옵니다. 우리가 어리석은 자책 관념에 매여 있지 않다면 받아들일 수 없고 비난해야 마땅한 일이지요. 내가 관심을 갖는 것은 오로지 그런 불연속성입니다. 푸코에 관해서는 전에도 간략하고 매우 거칠게 언급한 바 있는데, 인간의 기획을 서로 무관한 에피스테메들의 스타카토로 보는 그의 견해는 전적으로 거부합니다.

14   〔옮긴이〕Gaafar Nimeiry(1930~2009): 군부 출신으로 1969년 쿠데타를 통해 집권한 뒤 1985년까지 수단을 통치했다. 신정神政 정치를 내걸고 극단적인 반공주의 정책을 펼쳤다.

15   〔옮긴이〕Ayatollah Ruhollah Khomeini(1902~1989): 1979년 이란의 국왕 팔라비를 실각시킨 혁명을 주도했고 이후 10년 동안 이란 최고의 정치적·종교적 지도자로 군림하며 권위를 행사했다. 아야톨라는 시아파에서 고위 성직자에게 부여하는 칭호이다.

리쾨르: 그런데 그게 무슨 말이지요? 나는 푸코에 대해서는 단지 유산의 역사적 연속성을 주장했을 뿐입니다.

카스토리아디스: 어떤 연속성 말인가요?

리쾨르: 말하자면 삶의 연속성 같은 거죠. 꼭 생물학적 관점이 아니라 정신의 삶, 인간 고유의 삶, 지속적으로 이어지는 살아가기와 함께-살아가기(더불어 살아가기convivial)의 연속성 말입니다. 달리 말해서 우리는 계속되고 있다는 관념의 바탕에서만 중단을 생각할 수 있습니다. 스피노자의 시간에 대한 정의이기도 하죠.[16] 스피노자는 시간이란 존재의 연속이라고 말했습니다.

카스토리아디스: 물론입니다. 그렇지만 우리 자신의 역사를 조금 더 높이 올라가서 바라봅시다. 바로 그 역사가 있기에 우리가 말할 수 있는 것이니만큼 철학적으로 절대 무시할 수 없는 조건이긴 하지만 말입니다. 호메로스의 서사시와 함께 시작된 넓은 의미의 서구 그리스 또는 유럽 역사의 흐름에서만 본다면, 모든 의미, 떠오르는 모든 새로운 형태는, 물론 어

16   Baruch Spinoza, *Éthique*(1677), trad. Bernard Pautrat, Paris : Seuil, 2014. "존재의 무규정적 연속성La continuité indéfinie d'existence" 개념은 『에티카』(Eth. 2, Def. V)의 지속에 대한 정의를 참조할 것.

느 정도 과거를 참조하고 있다 해도, 기존의 형태들이 조합된 결과는 아닙니다.

리쾨르: 그렇다면 우리는 같은 편이네요!

카스토리아디스: 그렇지요, 같은 편입니다. 그러나 아즈텍인들의 경우엔 더 이상 똑같이 말할 수 없습니다.

리쾨르: 동의합니다.

카스토리아디스: 무모하리만큼 용감한 마르크스-헤겔주의자가 아니고서는 아즈텍인들이 크리스토퍼 콜럼버스의 학살에 의해 변증법적으로 극복되었고 초월되었다고―데리다라면 "지양되었다relevé"라고 말했겠지만―주장할 수 없지요. 그렇게 되면 연속성이 사라집니다. 아니면 다른 차원의 연속성은 있겠지요. 그 어떤 인간 사회도 세계에 의미를 부여하지 않고 살아갈 수는 없으니까요. 그런데 하이데거가 **영감** Eingebung이라고 부르는 의미 부여는 다른 사회의 그것과는 거의 관계가 없거나 있다 하더라도 지엽적일 뿐입니다.

리쾨르: 나는 우리가 어떤 점에서 다른지 알 수가 없군요. 각각의 형상화는, 그것이 서사적이든 은유적이든 정치적이고

제도적이든, 다른 형상화와 관련하여 그 자체로는 새롭다는 점에 나도 동의하니까요. 각각의 형상화는 질적으로 서로 전혀 다릅니다. 나는 형상화가 전혀 없는 곳에서 형상화가 나올 수 있다는 주장에 이의를 제기하는 겁니다. 인류는 단절과 불연속성을 통해서 나아가지만, 그것은 언제나 형상화하는 것 configurant의 질서 속에서 이어집니다. 우리가 가진 거대한 연속성은, 당신이 말했듯이 고대 그리스를 이룬 섬유질과 뿌리, 줄기로부터 나와 우리 자신을 알아보게 하는 그런 연속성입니다.

카스토리아디스: 맞습니다, 우리는 그렇죠.

리쾨르: 그래요, 우리가 그렇고 우리가 남들이라고 부르는 사람들도 마찬가지입니다. 과연 우리가 절대적 타자성을 생각할 수 있을까요? 언어가 우리에게 보여주는 것, 보다 정확히 말해서 언어를 통해 나타나는 것은, 번역이 가능하고 또 성공적으로 이루어졌다는 사실입니다. 절대적으로 번역 불가능한 언어를 우리가 마주할 일은 결코 없을 겁니다.

카스토리아디스: 그것이 일련의 수학 공식이 아니고서는 절대적으로 번역 가능한 텍스트를 접할 수 없는 것도 마찬가지죠.

리쾨르: 번역의 한계에 대해서 말한다는 것은 적어도 우리가 번역을 시작할 수 있었고 또 어느 정도는 번역에 성공했음을 상정합니다. 번역이 없다면 인류는 없을 것이고, 개나 고양이처럼 종으로서의 인간만이 있겠지요. 인류가 존재할 수 있게 하는 것은 그런 원칙적인 번역 가능성traductibilité입니다. 바로 그 가능성이 생산들과 단속적인 형상화들의 불연속성 속에서 의미의 연속성을 다시 만드는 겁니다.

카스토리아디스: 그것을 다른 방식으로 볼 수도 있지요. 야콥슨은 시문학 영역에서 성공한 모든 번역이 꼭 앎의 차원은 아니며 사실상 새로운 창조를 한 거라고 말했습니다. 내가 보기에 바로 그게 핵심입니다. 17세기와 18세기 그리고 심지어 19세기가 구약성서, 히브리 역사, 고대 그리스 역사에 관해 생산한 역사 지식을 예로 들어봅시다. 그것이 얼마나 어처구니가 없었던지 사람들이 때로 되묻곤 했죠. 도대체 뭘 말하려는 거지? 그리스? 구약성서? 아닙니다. 사실상 17세기, 18세기 그리고 19세기에 대해 말하고 있는 겁니다. 바로 여기서 나와 푸코는 근본적으로 갈라서게 됩니다. 내 입장에서는 그리스, 구약성서가 따로 있고, 그에 대한 우리의 모든 해석은 어떤 의미작용[17]에 기대고/뒷받침되고 있습니다. 바로 그 의

---

17   〔옮긴이〕일반적으로 언어학에서 '의미sens'와 '의미작용 signification'의 관계는 사전적 의미와 문장(텍스트)의 의미,

미작용이 해석이라는 연속적 창조들에서 지시 대상으로 사용되는 거죠. 그 해석들은 절대 자의적인 게 아닙니다. 누군가 나에게 『일리아드』는 사실상 베르됭 전투 이야기라고 말한다면 그 어떤 논의나 반박도 소용없습니다. 넘지 말아야 할 선이 있는 거죠. 글래드스톤[18]이 『일리아드』는 타락한 신학의 구약성서라는 주장을 입증할 수 있다고 생각한 건 바로 그런 선을 넘은 거고 말도 안 되는 얘기를 한 겁니다. 물론 자신의 정치적·철학적·신학적 시도를 위해 필요하다면 그런 말도 안 되는 얘기를 할 수도 있겠지만 그래도 말도 안 되는 얘기라는 건 사실입니다. 나에게 그런 해석은 빅토리아 시대의 영국에 대해 말한다는 점에서 흥미로울 뿐이죠. 하지만 그리스나 19세기 프랑스 또는 우리 시대의 다른 해석들도 흥미롭고 설득력이 있습니다. 왜 그럴까요? 어려운 문제입니다.

또는 프레게Gottlob Frege의 '의미Sinn'와 '대상지시Bedeutung'의 관계와 같다고 할 수 있다. 그런데 카스토리아디스가 여기서 자주 사용하는 'signification'은 말이나 글의 속뜻이라는 언어적 차원을 넘어서서 어떤 사실이나 행위가 갖는 중요성이나 가치를 뜻하기도 한다는 점에서 '의미하는 바' '의의意義'로 옮길 수도 있으나 여기서는 '의미작용'으로 통일한다.

18 〔옮긴이〕William Ewart Gladstone(1809~1898): 영국의 정치인. 12년 동안 총리를 역임했으며, 고대 그리스의 역사와 문학, 특히 호메로스에 관심이 많아 『호메로스와 호메로스 시대에 관한 연구Studies on Homer and the Homeric Age』를 썼다.

리쾨르: 우리가 어디서 이견을 보이는지 좀더 분명히 하기 위해 우리가 확실하게 공유하고 있는 것에서부터 시작해봅시다. 당신은 "지시 대상이 있고, 구약성서와 그리스가 있었다고 생각한다"고 했는데, 이는 결국 다양한 해석들과 해석들에 대한 재해석들은 같은 것le même에 대한 다른 근사치들이라는 뜻이 아니고 무엇이겠습니까? 사유의 차원에서 일어난 것 또한 사건 전체의 일부에 속합니다. 성서의 정전 텍스트에 들어 있고, 문학 텍스트에도 들어 있는 이 선체가 우리로 하여금 어떻게 보자면 서로 마주 보는 존재가 되게 합니다. 그것이 우리가 수정하고 그 근사치를 구하면서 모든 것을 재구성하는 근원인 것이죠. 달리 말해서 당신이 이야기한 역사적 사례에서 우리는 구성을 하는 것이 아니라 재구성을 하는 것입니다. 어떤 점에서는 복원하는 것이 과제라고 할 수 있겠지요. 나는 회화에서 "돌려준rendu"[19] 풍경이라고 할 때 "돌려주다rendre"라는 동사가 갖는 두 가지 의미를 다 담아 이 낱말을 사용합니다. 그 동사에는 빚을 갚는다는 뜻도 있지만 다른 한편으로 창조적인 일을 한다는 뜻도 있는데, 여기서 창조란 갚을 능력이 없는 채무자가 빚에서 벗어나는 것이기도 합니다. 같은 대상을 항상 다르게 그리는 창조적인 화가의

---

19   〔옮긴이〕 프랑스어 동사 'rendre'는 '돌려주다, 회복시키다' 등의 뜻을 가지고 있으며, 여기서 명사화된 과거분사 'le rendu'는 회화에서는 풍경을 옮겨놓는 '묘사 (능력)'를 뜻한다.

투쟁에서도 이런 면을 볼 수가 있는데, 예컨대 모네의 〈건초 더미〉 연작이나 다른…

카스토리아디스: 세잔의 〈사과〉도 있지요.

리쾨르: 그래요, 세잔의 〈사과〉도 그렇죠. 언제나 다른 것이 지만 또 언제나 같은 것이잖아요. 해야 할 숙제가 있었던 거 죠. 말하자면 그로서는 빚진 것을 갚아야 하고, 또 지금 있고 앞서 있었던 어떤 것을 정당하게 평가해야 했던 것이지요.[20]

카스토리아디스: 세잔, 모네와 같은 이들의 작품이 고갈되지 않는 것은 분명 〈수련〉이나 〈사과〉가 물리적 현상으로서가 아니라, 시각적 대상으로서 또 그려야 할 대상으로서 무궁무 진하기 때문입니다. 내 경우는, 내가 연구하기로 한 그리스에 대해서 영원히 빚을 지고 있죠.

리쾨르: 고갈되지 않는 것, 그것이 바로 내가 연속되는 것le continu이라고 부르는 것입니다. 불연속적 생산들 뒤에 있는

---

20   [옮긴이] 여기서 리쾨르가 말하려 하는 것은 화가는 풍경화를
      그림으로써 풍경에 진 빚을 갚는 동시에 그림이 풍경이 되게
      함으로써 그 빚에서 벗어난다는 뜻이다. 이 문장에서 리쾨르는
      동사 'rendre'를 '빚을 갚다rendre son dû라는 뜻과 '정당하게
      평가하다rendre justice'라는 뜻으로 두 번 사용하고 있다.

거대한 연속성이지요.

카스토리아디스: 그것이 바로 우리가 다른 점입니다. 나는 연속되는 것이라고 부르지 않을 겁니다. 존재 양태mode d'être[21]이기 때문이지요. 이는 단순히 학술적 용어의 문제가 아닙니다. 나는 고대 그리스에 대해선 언제나 빚을 지고 있고, 우리는 언제나 그럴 것입니다. 왜냐하면 고대 그리스가 창조한 의미작용들은 마르지 않을 거고, 끊임없이 새로운 해

21 〔옮긴이〕 카스토리아디스는 존재자들의 유형에 따라 존재 양태를 크게 다섯 가지로 구분한다. i) 최초-존재l'être-premier: 카오스, 심연 또는 끊임없는 흐름에 상응하는 존재 유형이다. ii) 생명체le vivant: '대자'적 양태의 존재 유형으로서 감각 능력과 상상력을 통해 자기 고유의 세계를 형성 또는 창조하며, 생존과 재생산이라는 자기 목적성을 지닌다. iii) 정신적 존재l'être psychique 또는 정신la psyché: 다른 생명체들과 구분되는 인간 고유의 존재 유형으로서 생존 기능이나 본능과는 직접 관련이 없는 의미와 표상을 창조하는 능력, 즉 근본적 상상력을 가지고 있다. iv) 사회-역사적 존재le social-historique: 개인들의 총합으로 환원될 수 없는 완전한 권리를 갖는 존재 유형으로서 '제도를 창설하는 근본적 상상'이라는 형태의 상상력을 갖는다. 익명의 집단으로서의 사회-역사적 존재는 결정론을 벗어나는 창조적 활동을 통해 근본적 상상을 실현한다. v) 자율적 주체le sujet autonome: 타율적 개인과는 대립되는 반성적 '대자'로서의 개인을 가리킨다. 물론 이 다섯 가지 존재 양태는 서로 배타적인 것은 아니며 인간 존재에는 이 다섯 가지 양태가 얽혀 있다. 요컨대 정신적 존재이자 사회-역사적 존재로서의 인간은 결정론에 따르지 않는 근본적 상상력을 통해 자율적 주체가 될 수 있다는 점에서 다른 생명체들과는 다르다고 본다.

석들을 불러올 테니까요.

리쾨르: 그래요, 맞는 말입니다. 존재 양태죠. 어쨌든 당신도 다른 모든 것들과 다르고 앞선 것들과 연속성을 절대 갖지 않는 그런 종류의 분출이나 침입에 대해서는 동의하지 않는 거죠? [⋯] 내 생각으로는 인간의 기억, 문화적 기억의 특징은 누적될 수 있다는 겁니다. 그런 기억은 앞선 것들을 지우면서 누적되는 기억이기에 단순히 덧붙여지는 게 아닙니다. 그래요, 그 기억은 앞선 것들과 연쇄를 이루고, 앞선 것들은 그와 동시에 그 기억에 선행하는 기억이 됩니다.

카스토리아디스: 전적으로 동의합니다. 하지만 당신이 말하는 것은 우리의 역사에만 맞는 말입니다. 우리 역사만이 그런 누적성에 근거하죠. 무엇보다 우리 역사가 스스로 그렇게 되기를 원했기 때문이고요. (레비-스트로스가 네 권으로 나온 『신화론*Mythologiques*』에서 묘사한 것처럼) 부족의 전통에 지속적으로 사소한 변화를 되풀이할 뿐인 역사(한 영웅이 등장해 이것저것을 했다)도 있지만, 우리 역사는, 헤로도토스가 그랬듯이, 전통들을 돌이켜보면서 새로운 위상을 부여했습니다. 다시 말해 고대인들이 되뇌었던 것은 잡담에 불과했으며, 진리는 그런 것이 아니고 우리는 진리를 알고자 한다는 것입니다. 그 점에서도 단절이 있다고 볼 수 있습니다.

리쾨르: 당신이 무궁무진하며 고갈되지 않는 것이라고 규정했던 과거는 연속적인 형태들 속에서 다시 이어지고 재해석되었으며, 그런 형태들 자체가 잠재적인 것, 미완의 것을 포함합니다. 그리고 우리의 새로운 창조가 지나간 순간들에 일종의 소급 효과를 미치면서, 우리는 묶여 있던 가능태들을 풀어줍니다. 그것이 구조주의와 근본적으로 다른 점이지요. 아마도 이 점에 대해선 우리가 같은 입장일 겁니다. 구조는 포화 상태에 있지 않다고 보는 거죠. 그리고 각각의 새로운 창조는 그 소급 효과를 통해 그때까지 쓰이지 않고 억눌려 있던 잠재력을 해방시킨다고 할 수 있습니다. 억제된 것, 억압된 것 같은 프로이트의 개념들로 설명할 수 있겠죠. 우리는 억압된 것의 해방을 통해서, 하지만 당신이 말한 불연속성이라는 수단을 통해서 우리 자신의 과거와 연속성을 이루는 것입니다. 제도의 창설이라는 개념도 그렇습니다.

카스토리아디스: 내가 좀 직설적으로 말하더라도 양해해주시기 바랍니다. 그러니까 프로이트의 경우도 마찬가지이지만 쓰이지 않은 잠재력 개념이 결국 어디로 귀결되는지 당신도 잘 알 겁니다. 그런 식이면 마지막에는 인류의 모든 역사가 최초의 유인원이 돌멩이 두 개를 맞부딪혀서 처음으로 불꽃을 만들어낸 그 자리에 이미 있었다고 말하는 것과 다를 바 없죠… 역행은 무한할 수 없으며 유한해야 하는 것입니다. 아

니면 페르마와 그 이전에 유클리드가 이미 말했듯이 무한한 하강이 되겠지요.[22] 나로선 인간의 잠재력은 이를테면 잠재력의 잠재력이라고 말하고 싶습니다. 잠재적인 것이 현실화되는 게 아니라, 새로운 잠재력이 창조되는 거죠. 여기서도 또 스콜라학파식으로 말할 수 있겠지요. 이 모든 잠재력은 최초의 어떤 잠재력 속에 있었을 거라고 말입니다. 피아노를 연주할 수 있는 잠재력은 피아노와 악보 표기법과 학생들에게 이를 가르치는 교수들, 종교 의례에서 어느 정도 분리된 음악 등을 전제로 하죠. 창조된 잠재력이 그만큼 많다는 겁니다.

리쾨르: 당신은 내 주된 논지, 즉 소급 효과를 전혀 고려하지 않는군요. 우리는 미래를 열면서 새로운 잠재력들을 해방시킵니다. 모든 게 애초에 이미 포함되어 있다는 스콜라식 논증에 내가 갇혀 있다고 생각하지 않습니다… 그 개념에 대해선 배아를 내포한 배아 등과 관련하여 캉길렘이 이미 논의한 바 있습니다.[23] 라이프니츠도 한때 이런 관점을 전개

---

22   〔옮긴이〕 '무한강하법'은 귀류법의 일종으로, '공집합이 아닌 자연수의 부분집합에는 항상 최소 원소가 존재한다'는 성질을 이용하여 모순을 이끌어내는 증명법이다. 간단히 말해서 어떤 식이 자연수 n에 대해서 성립한다고 가정할 때, n보다 작은 값인 n', n"…에 대해서도 성립해야 한다. 그런데 n보다 작은 자연수의 집합은 유한집합이므로, 이를 계속하다 보면 언젠가는 더 작은 값이 존재할 수 없게 되어 처음의 가정이 틀렸음이 도출된다.

23   Georges Canguilhem, *La connaissance du vivant*〔1952〕, Paris:

66

développement라고 부르며 주장하기도 했고요…

카스토리아디스: 생물학자들이 무한히 이어지는 배아 속의
배아를 이미 찾고 있었죠.

리쾨르: 내 말은 그런 게 아닙니다! 나는 마치 모든 것이 두
루마리처럼 감겨 있고 펼치기만 하면 된다는 **전개**Entwicklung
관념에는 전혀 동의하지 않습니다. 내가 지지하는 역사적 도
식은, (역사의 범주들에 관해 주목할 만한 작업을 해온 독일
빌레펠트학파[24]의) 라인하르트 코젤렉[25]이 기대 지평과 경
험 공간이라고 부른 것 사이의 변증법적 관계 속에 우리가 놓
여 있다고 보는 겁니다. 기대 지평과 경험 공간이라는 두 극極
을 벗어나서는 안 됩니다. 우리가 우리에 앞선 것과의 연속성
을 근본적으로 변화시킬 수 있는 것은 어떤 기대 지평을 투사

Vrin, 2000.

24 빌레펠트 대학을 중심으로 독일 역사학의 한 흐름을 이루고
    있는 빌레펠트학파는 무엇보다 아날학파와 유사한 접근법으로
    역사학에 사회과학의 방법론을 접목시키려는 의지가 두드러진다.

25 Reinhart Koselleck(1923~2006): 독일의 역사가이자 철학자로서
    역사 인식론을 심화시키는 데에 혁신적인 기여를 했다.
    리쾨르는 코젤렉의 주저인 『지나간 미래』를 언급하고 있다.
    Reinhart Koselleck, *Le futur passé. Contribution à la sémantique des
    temps historiques*(1979), trad. Jochen Hoock et Marie-Claire Hoock,
    Paris: Éditions de l'EHESS, 1990(개정판: 2016).

하기 때문에, 그러니까 실제로 우리 앞에 혁신의 가능성을 열기 때문입니다. 앞선 것을 다르게 읽기 때문인 거죠⋯ 역사성에는 전적으로 특수한 어떤 것이 있습니다. 물려준 유산을 이어받아 새로운 것을 세울 수 있는 바로 그 힘이죠. 다시 한번 말하지만, 나는 그것을 소급 효과라 부르지요. 사실상 전개와 진화 사이에서 선택해야 하는 생물학적 이론과는 아무런 관계가 없어요⋯ 우리는 지금 생물학이 아니라 역사에 대해 말하는 겁니다.

카스토리아디스: 물론 생물학이 아니라 역사 이야기를 하는 중이지요. 하지만 당신이 상징적이라고 부르는 그 영역을 나는 의미작용 영역이라고 부르고, 이 의미작용은⋯

리쾨르: 그렇게 말한 것은 내가 상상과 대립하는 지점에 서 있지 않다는 겁니다. 내가 환상과 상징, 이 둘로 쪼개졌던 것을 아우르는 칸트의 상상력을 지지하는 이유이기도 하고요.

카스토리아디스: 다시 다루어야 할 주제이겠지만, 칸트의 상상력은 주체의 상상력에 머물러 있고, 하이데거가 『칸트와 형이상학의 문제』[26]에서 다시 다루었을 때도 마찬가지였습

26   Martin Heidegger, *Kant et le problème de la métaphysique* (1929),
      trad. Walter Biemel et Alphonse de Waelhens, Paris : Gallimard, 1953.

니다. 반면에 나는 사회적 상상을, 다시 말해 사회적이고 역사적인 장에서의 창조성, 사회적이고 역사적인 집단의 창조성을 생각합니다. 그리고 나는 그 시작을 첫 원칙이자 첫 패러다임인 바로 제도에서 시작합니다. 제도는 인간 공동체의 함께-살아가기의 연속성을 전제합니다. 나는 제도 없이 인간 공동체가 있을 수 있다고 생각하지 않습니다. 우리 둘 다 프로이트를 읽었잖습니까. 제도를 통해 배우지 않은 인간의 원초적 충동들은 함께-살아가기가 아니라 "서로 죽이기" 또는 "근친상간하기"가 될 겁니다. 그러니까 제도는 사회의 자기 창조이며, 인간 존재 속에서 내재적 의미, 제도화된 의미, 실제로 구현된 의미작용 영역이라는 이 세번째 영역을 솟아오르게 하는 거죠. 물론 당신 말대로 절대적 단절이란 없으며 우리는 언제나 언어 규칙 속에 머물러 있습니다, 그래요, 맞는 말이죠. 하지만 그렇다면 언어 그 자체는요? 유감스럽게도 철학자라고 여겨지는 누군가가 주장했듯이, 원숭이들의 흉내 내기에서 언어의 유래를 찾아야 하나요?[27] 그렇다면 언어의 다의성이 어디서 왔는가 하는 문제는…

리쾨르: 내가 하려는 말은 전혀 그런 뜻이 아닙니다. 우리가

---

27   카스토리아디스는 르네 지라르의 "모방 욕망" 이론을 암시하고 있다. 이에 관해서는 특히 『폭력과 성스러움』을 볼 것. René Girard, *La violence et le sacré*, Paris : Grasset, 1972.

말을 할 때, 그건 언제나 그 말이 이미 있었던 곳에서 말하는 겁니다. 이 점에서 개인으로서든 집단으로서든 늘 우리에 앞선 개인이나 집단이 있죠. 동물이 내는 소리에서 나온 언어가 어떤 것인지 우리는 알 수 없습니다. 우리는 고스란히 언어 속에서 살아가는 것이지요.

카스토리아디스: 그리고 언어가 없이는 인간 존재도 없습니다. 따라서 어떤 면에서는 최초의 자기 창조에서 비롯되지 않은 인간 존재는 없는 거죠.

리쾨르: 자기 창조가 아닙니다. 연속적인 재형상화입니다.

카스토리아디스: 그렇다면 언어는 동물이 내는 소리의 변형이겠네요, 당신은 받아들이지 않겠지만요.

리쾨르: 언어가 생긴 그 최초의 순간에 다가갈 수는 없습니다. 결국 당신은 제도가 무에서 시작한다는 문제를 피할 수 없게 되죠.

카스토리아디스: 그 문제를 없는 것으로 칠 수는 없습니다.

리쾨르: 우리 앞에 놓인 제도는 제도에서 생겨난다는 말을

하려는 겁니다. 마찬가지로 언어들은 언어에서 생겨나고, 제도들은 제도에서 생겨나죠. 제도가 되지 않은 것에 대해선 알수가 없습니다. 다른 말로 하자면, 인간이 존재하자마자 대략세 가지 것이 있습니다. 도구, 규범, 언어가 그것입니다. 그리고 어쩌면 네번째, 그러니까 죽은 이들과의 관계라 할 수 있는 매장이 있지요.

카스토리아디스: 그건 더 뒤의 일이죠…

리쾨르: 단지 생물학적 관계만은 아닙니다. 우리는 죽은 이들을 자연의 찌꺼기가 아니라 선조들로 대합니다.

카스토리아디스: 가장 오래된 매장이라 해도 채 5만 년이 안되고, 최초의 도구와 규범 그리고 언어는 확실히 그보다 훨씬이전이지요.

리쾨르: 언제나 사태가 먼저 있고 난 뒤에 우리가 있지요. 생물학적인 것에서 인간의 제도로 넘어가는 것에 대해선 우리가 전혀 알 길이 없습니다. 우리가 언제나 전前-제도화된것,[28] 이미 제도화된 것 속에 있는 것도 바로 그 때문이지요.

28   〔옮긴이〕프랑스어로 'pré-institué'인데, 『시간과 이야기』에서
      전형상화-형상화-재형상화로 이어지는 삼중의 미메시스 개념을

내가 보기에 당신이 말하는 창조 개념은 결국, 기록된 같은 자료들을 가지고 우리가 다른 이야기를 할 때와 똑같이, 우리가 재형상화하는 사유된 사건일 수밖에 없습니다. 기록된 자료들이 먼저 있고 그다음에 우리가 프랑스 혁명의 역사를 쓰는 겁니다. 그러니까 사건들의 거대한 저장고, 다시 말해서 우리보다 먼저 온 사람들에 의해 형상화된 거대한 영역이 있고 우리는 그것을 재형상화하면서 사유의 혁신을 이루는 거죠. 혁신은 늘 형상화에서 형상화, 재형상화로 가면서 이루어집니다.

카스토리아디스: 이번에도 서로 다른 층위들을 구분해야 우리의 논의가 의미를 가질 수 있을 것 같군요… 탈레스의 예를 들어보죠. 그는 신화 속 인물이 아니고, 다수의 연속성들이 합류하는 지점에 있습니다. 쓰는 언어, 받은 교육이 그렇고 그의 정리定理의 내용도 아마 이집트인들에게서 배웠거나 아니면 석공들이나 건축가들과 사귀면서 알게 되었을 테죠… 하지만 어느 순간, 이야기들에서 흔히 그렇듯이, 그는 자신이 얻은 지식이나 측량기를 조작하는 일에 만족하지 못하게 되고, 삼각형의 속성을 증명하고자 했습니다. 그것은 더 이상 단순한 연속성이 아닙니다. 동시대의 다른 형상들과 동일한 의

참조하여 '전-제도화된 것'으로 옮긴다.

미작용, 정확히 말하면 동일한 의미작용들의 마그마magma[29]를 담은, 새로운 역사적 형상이 **출현한** 거죠. 그것은 **로곤 디도나이**logon didonai, 즉 설명하고 근거를 제시해야 한다는 것이지요.[30] 그 점이 바로 우리 역사만이 갖는 절대적 단절입니다. 직각삼각형 빗변의 제곱은 다른 두 변 제곱의 합과 같다고 말할 때, 또 도시국가가 통과시켜야 할 것은 바로 이런 법률이라고, 또는 페르시아인들은 이런저런 관습을 가지고 있었고 이집트인들은 다른 관습에 따라 살았다고 단언할 때 나는 설명을 하고 근거를 제시해야 합니다. 모세의 십계명 또는 선조들의 이야기 같은 신화적인 역사에 머물지 않고 설명을 하고 근거를 제시해야 하는 거죠.

리쾨르: 그 말엔 전혀 반박할 것이 없습니다. 내가 하는 말도 바로 그거니까요. 탈레스와 더불어 전대미문의 사유 방식이 떠오른 것이지요. 그와 동시에 사람들은 계속 살아가고요. 그러니까 완전한 불연속성은 절대 볼 수 없을 겁니다.

---

29   〔옮긴이〕 카스토리아디스에게서 존재와 존재를 구성하는 다양한 존재 유형들이 조직화되어 있는 양상들 가운데 하나를 지칭하는 개념이다.

30   〔옮긴이〕 로고스에 뿌리를 둔 '근거 또는 이유를 제시하다'라는 뜻으로, 인간은 이론적 삶과 실천적 삶에서 다 같이 '합리적'이어야 한다는 요구를 담고 있다.

카스토리아디스: 굳이 얘기할 필요가 없겠죠. 절대적으로 확실하니까요.

리쾨르: 그렇게 해서 인류가 있을 수 있는 것이죠. 시작하고 그러면서 계속하는 겁니다.

카스토리아디스: 전적으로 동의합니다. 우리가 생각할 수 있는 정치적 혁명이 아무리 근본적일지라도 바꾸지 못할 것들은 수없이 많다고 나도 쓴 적이 있습니다. 셀 수 없이 많은 개인들, 숲, 들판, 토지 등이 바뀌지 않고 남아 있죠. 여기서 내가 중요하게 생각하는 것은 새로운 형상의 출현입니다. 그러니까 당신 말대로 과거의 것들이 무궁무진하다는 사실은 미래를 향한 우리의 혁신 역량과 연결되어 있고요…

리쾨르: 나는 라캉이 강조한 프로이트의 **사후 작용**après-coup[31] 개념에도 주목하고자 합니다. 그것은 내가 앞에서 사용했던 **소급 효과**라는 용어에 상응하죠. 우리에게 매우 중요한 개념이기에 한번 되짚어보고자 합니다. 어떤 진리가 뚫고

31 지나간 사건들을 다시 손질하는 정신 현상을 뜻하는 독일어 실사 'Nachträglichkeit'에서 끌어온 프로이트의 개념을 번역한 용어이다. 이 개념을 정신적 인과성에 대한 이해로 받아들이고 구조주의적 관점으로 확장시킨 라캉에 관해서는 Jaques Lacan, *Écrits*, Paris: Seuil, 1966, pp. 151~93을 참조할 것.

나오면 우리는 그 진리를 언제나 다른 것들에 다시 연결할 수 있습니다. 절대적인 시작은 아니기 때문이죠. 우리는 모든 것을 완전히 새로 시작할 수는 없습니다. 창조자가 되려면 버린 것을 기억해서 찾은 것 속에 집어넣을 수 있어야 합니다.

카스토리아디스: 물론 그렇습니다. 그런데 우리가 영어로 하자면 'at cross purposes'(각자 다른 목적으로)로 대화하고 있다는 느낌이 드는군요. 당신은 무엇보다 우리 유럽의 역사에 대해 이야기하고 있고, 당신의 말은 모두 맞는 이야기죠. 그런데 미안하지만 난 조금 넘어서서 다른 역사들에 대해서 이야기하려는 겁니다. 그런데 도대체 왜 그렇게 그리스, 그리스 하는 걸까요? 사람들은 유럽에서 새로운 무언가를 할 때마다 불안해하면서 그리스인들 쪽으로 돌아가서 이렇게 말합니다. "그것은 이미 거기에 있었어" 또는 "그리스인들에게서 나온 거야" 또는 "그래, 우리는 그리스인들이 상상조차 할 수 없었던 일을 했어, 하지만 언제나…"

리쾨르: 그래요, 그리스인들도 이미 그런 말을 했지요. 플라톤만 해도 'palaios logos'(선인이 말하길)[32]라고 말했던 것 같은데…

32 특히 플라톤의 『파이돈』(70c)에서 이런 표현을 볼 수 있다. 'palaios logos'는 "옛말에, 자고로" 등으로 옮길 수도 있다.

카스토리아디스: 맞는 말은 아닌 것 같지만, 이집트인들이 했다는 유명한 말 중에 이런 게 있잖습니까. 그리스인들은 하던 놀이를 잊고 다른 놀이를 시작할 수 있는 "영원한 아이들"이라고요. 어쩌면 그 점에서도 우리는 여전히 그리스인인 셈이지요.

리쾨르: 난 니체가 『반시대적 고찰』[33] 2부에서 역사의 유리함과 불리함에 대해 쓴 아름다운 글을 생각했습니다. 우리는 새로 온 사람들이라고 생각하지만, 사실은 "늦게 온 사람들"이라고… 일찍/늦게 온 사람들이라는 이런 이중의 관계를 우리 자신의 경험 속에서 잘 조정하는 것이 매우 중요합니다. 새로 온 사람들의 교만도 생각해야 합니다. 동시에 니체식으로 말하면 늦게 온 사람들의 약점, 그러니까 아류에 지나지 않는다는 약점도 잊으면 안 되죠.[34] 그리고 그중에는 거짓 예

33 『반시대적 고찰*Unzeitgemässe Betrachtungen*』은 프리드리히 니체가 쓴 네 편의 철학 작품을 모은 것이다. 리쾨르는 『반시대적 고찰 2부: 삶에 대한 역사의 이로움과 해로움』에 대해 언급하고 있다. Friedrich Nietzsche, *Seconde considération. De l'utilité et de l'inconvénient des études historiques pour la vie* [1874], Paris : Flammarion, 1998.

34 [옮긴이] 니체가 『차라투스트라는 이렇게 말했다』에서 말하는 "마지막 인간Letzter Mensch"을 떠올려봄 직하다. 머리말에 등장하는 관중들은 차라투스트라가 설파하는 "위버멘슈Übermensch"를 비웃으며 평온하게 오래 사는 것을 최고의 행복이라 여기는 마지막 인간이기를 택한다. 니체는

언자들의 교만도 있고요…

카스토리아디스: 네, 전적으로 동의합니다. 여전히 똑같은 관점 차이가 있긴 하지만요. 그처럼 과거를 풍요롭게 하고 살찌우기 위해 역사로 되돌아간 것은 우리만의 특징입니다. 우리는 과거를 창조했고, 때로 다른 이들이 와서 그것을 빌려가기도 했죠. 서구 아닌 다른 곳에서 과거와의 관계는 엄밀히 말해서 다소 신화적입니다. 물론 신화 또한 변화하고 조금씩 방향을 바꾸기도 하지만, 결코 그 의미를 돌이켜보고 물음을 던지고 설명하고 해명하기 위한 게 아닙니다. 사실 내가 당신의 의견에 전적으로 동의하는 부분이기도 한데, 아마도 두 가지가 같이 가는 거죠. 그러니까 지평이 바뀌기 때문에 계속 뒤돌아보면서 기원을 캐물을 필요가 있는 것이지요. 지평이 바뀌지 않는다면 그럴 필요가 없으니까요…

리쾨르: 우리에겐 우발적으로 나타나는 역사적 기질이 있는 셈이죠.

카스토리아디스: 그렇습니다. '우발적'이라는 낱말은 나에게 매우 중요합니다.[35]

마지막 인간이 서구를 비롯한 현대 사회에서 그들 스스로 형성한 종착지라고 말한다.

리쾨르: 우리에게는 불연속성을 통해, 그리고 소급해서 이어
받기를 통해 연속성을 만들어낸 경험이 있습니다. 그런 우발
성이 보편적인 의미를 갖지 않는다고 말할 수는 없지요. 우
리가 생각하는 하나의 인류는 최선의 논증 규칙을 따르는 의
사소통 행위 속에 있다고 보아야 하니까요.[36] 인간의 문화라
면 우리 문화와 서로 번역 가능한 관계 속에 들어오지 못할
정도로 다를 수는 없을 겁니다. 이와 관련하여 "구성적 도식
scheme organisateur"[37] 개념을 비판한 미국의 철학자 도널드 데

---

35   〔옮긴이〕 카스토리아디스의 사상에서 핵심 개념인
      '자율autonomie'은 우발적인 동시에 필연적인 사회적 상상의
      의미작용의 결과로 주어진다. 자율적 사회의 기획은 인간의
      자연적 본성의 필연성이라는 구속에서 벗어나야 가능하기
      때문이다.

36   Jürgen Habermas, *Morale et communication* 〔1983〕, trad. Christian
      Bouchindhomme, Paris : Flammarion, 1999. 〔옮긴이〕 하버마스는
      왜곡되지 않은 의사소통, 즉 무의식의 억압과 왜곡에서 벗어난
      '강제 없는 의사소통'을 통해 도구적 합리성 또는 목적론적
      합리성과 구별되는 합리성을 찾을 수 있다고 본다. 이런
      의사소통의 합리성을 통해 하버마스는 합리성의 부정적 측면만을
      강조했던 베버와 1세대 비판 이론가들의 한계를 넘어 비판 이론의
      새로운 규범적 토대를 마련하려고 한다.

37   리쾨르는 도널드 데이비슨의 "관념적 도식conceptual
      scheme" 개념을 참조하면서 여기서는 "구성적 도식scheme
      organisateur"이라고 옮기고 있다. Donald Davidson, "Sur l'idée
      même de schème conceptuel," *Enquêtes sur la vérité et l'interprétation*,
      trad. Pascal Engel, Nîmes, Jacqueline Chambon 1993, pp. 267~89
      참조.

이비슨을 떠올릴 수 있겠네요. 그에 따르면, 근본적으로 전달할 수 없는 구성적 도식에 속하는 것처럼 보이는 절대적으로 다른 문명을 생각하기란 불가능합니다. 만일 근본적으로 다르다면 다르다는 사실조차 알 수 없을 겁니다. 다르다는 것을 알려면 번역의 한계에 부딪혀야 하는데, 그 경우, 이미 말했듯이, 결과적으로 성공한 번역이 됩니다. 그러니까 우리는 다른 것과의 관계를 성공한 의사소통 모델로서의 인류라는 이념 아래 놓아야 합니다. 그것이 칸트적 의미에서의 이념, 즉 규제적 이념이라는 점은 나도 인정합니다. 인류를 하나로 묶는, 여러 인류가 아니라 단 하나의 인류가 공존하게 하는 것도 바로 이런 규제적 이념이죠. 실제로 그것은 우리에게 주어진 과제이고, 적어도 우리는 그 과제를 위한 노력이 헛수고는 아님을 알고 있습니다. 그래서 장-마르크 페리도 논문에서, 법적인 국제 공동체가 없어도 국제 문제에 대해 이야기할 수 있다는 점을 보여주었습니다.[38] 국제 부채를 예로 들 수 있겠죠. 국제 부채를 다루는 방식에 이미 국제법의 단초가 있습니다. 달리 말해서 아무리 서로 다른 문화들이라 하더라도 의사소통의 절대적 진공 상태에서 출발할 수는 없습니다. 다른 문화에 속하는『코란』이나『우파니샤드』또는 '노자'를 읽을 때, 우리는 그 책들을 번역해야 할 텍스트, 그리고 번역되었던 텍

---

[38]　　Jean-Marc Ferry, *Habermas. L'éthique de la communication*, Paris : PUF, 1987.

스트로 읽지 않을 수 없습니다. 물론 우리 문화가 해석학적 모델들을 제공하기는 하지만, 그 모델들이 다른 문화들에서 활력을 얻기도 합니다. 가장 좋은 증거는, 다른 문화권의 위대한 학자들이 여러 면에서 서구 해석학 거장들의 가르침을 받았고 이어가고 있다는 사실입니다. 이런 의미에서 우리는 혁신/전통이라는 동일한 움직임 속에서 전통을 잇고 혁신을 이룩하는 겁니다. 인간이 연속성을 유지하는 유일한 방식이라고 할 수 있겠죠.

카스토리아디스: 결론을 내리기 전에 한 가지 더 말하고 싶은 게 있는데, 인류를 하나의 단일한 총체로 생각한다는 것은 불가능합니다. 그건 맞지 않거나 혹은 어떤 점에서는 맞고 또 어떤 점에선 틀립니다. 그때 맞는 것은 인류의 단일성을 내가 **원한다**는 거죠. 이론적으로 맞는 건 아닙니다.

리쾨르: 내가 하려는 말이 바로 그겁니다.

카스토리아디스: 그 점에서는 우리의 의견이 일치하는군요. 인류의 단일성은 이성의 규제적 이념이 아니라, 정치적 기획에 활력을 제공하는 정치적 상상의 의미작용입니다.

리쾨르: 상상적 실천만 있는 건 아니지요. 실천적 이성도 있

습니다. 그것은 실천의 범주에 따른 사유 행위, 그러니까 법률적인 요건을 수반하는 사유 행위입니다. 법률적으로 완전히 비어 있는 상태를 생각할 수는 없지요.

카스토리아디스: 그렇죠. 인간의 행위, 반성적 행위는 정치적인 것의 수준에 올라가서 윤리적인 것, 윤리적인 계기를 통합해야만 합니다. 인류의 단일성을 사유한다고요? 좋습니다. 하지만 아즈텍인들의 인신 공양, 우리 선조인 아테네인들의 멜로스인 학살,[39] 아우슈비츠, 굴라크,[40] 이런 인류를 나와 이어줄 수 있는 번역이 있을지 잘 모르겠군요. 우리는 괴물 같은 것을 너무 쉽게 떨쳐버립니다. 한나 아렌트는 전체주의에 관한 저서[41]에서 전체주의 현상은 역사 이해의 전통적 범주들을 붕괴시킨다고 말한 바 있습니다. 옳은 말입니다.

---

39   〔옮긴이〕고대 그리스 델로스 동맹의 맹주 아테네와, 사실상 중립국이었던 멜로스 사이의 전쟁에서 패배한 멜로스는 남자들이 몰살당했고 여자와 아이는 노예로 팔려나갔다.

40   〔옮긴이〕구소련에서 1930년부터 1959년까지 운영한 내무인민위원부 소속 노동교화소 본부의 약자로, 오늘날에는 일반적으로 정치범수용소 또는 노동교화소를 일컫는다.

41   Hannah Arendt, *Les origines du totalitarisme* 〔1951〕, trad. Jean-Loup Bourget, Robert Davreu, Anne Guérin, Martine Leiris, Patrick Lévy et Micheline Pouteau, édition publiée sous la direction de Pierre Bouretz, Paris : Gallimard, 2002.

리쾨르: 이 대담에서 악惡의 문제는 전혀 다루지 않았지만, 당신의 의견에 전적으로 동의합니다.

카스토리아디스: 당신은 악이라고 부르고, 나는 괴물 같은 것이라고 부르지만, 어쨌든 그것은 분명히 있습니다.

리쾨르: 말하자면 의미를 만들 때 그 안에는 회수 불가능한 것이 들어가는 겁니다.

카스토리아디스: 그것 또한 나름의 의미를 갖지요.

리쾨르: 당신이 나와 같은 방향으로 가고 있다고 말해도 좋을 것 같군요. 어떤 것을 받아들일 수 없고 지지할 수 없고 용인할 수 없다는 것도 이해하려는 노력이 있어야 알 수 있는 겁니다. 이해하려는 노력은 그러니까 최선의 논증 규칙이 되는 거죠. 그 노력의 한계는 폭력이고요. 폭력은 추론을 실천함으로써만 없앨 수 있습니다. 맹점은 추론 영역에서 받아들일 수 없는 것이니까요.

카스토리아디스: 하지만 보이지 않는 지점, 그 맹점도 현실을 구성하는 일부입니다. 최선의 논증 규칙이라도 히틀러, 스탈린, 호메이니 같은 사람들 앞에서는 아무 의미가 없죠. 멋

진 논증은 저세상에나 가져갈 수 있을까요…

리쾨르: "아무 의미가 없다"라는 표현 또한 의미의 세계에 자리 잡고 있습니다. 나는 무의미를 거부합니다. 하지만 악이 무엇인지는 잘 알고 있으면서 선에 대해서는 전혀 생각하지 않았던 아도르노[42]처럼 할 수는 없겠죠. 그리고 내가 하버마스[43]나 다른 사람들이 말한 성공한 의사소통(그리고 그 결과 제한적이지만 성공한 어떤 의사소통 실천들)이라는 한계 이념을 몰랐다면, 끔찍한 일을 저지르는 동기에 대해 윤리적으로 '아니다'라고 거부할 수 없었을 겁니다. 내가 그런 동기를 상상으로 이해한다면, 그것은 내가 번역가의 과제를 이어간다는 조건에서만 가능합니다.[44] 나는 내가 받아들이지 않고 나의 지평에서 절대적으로 거부하는 것까지 모두 번역가의 과제로 받아들입니다.

42 Theodor Adorno et Max Horkheimer, *La dialectique de la raison*〔1944〕, trad. Éliane Kaufholz, Paris : Gallimard, 1983.

43 Jürgen Habermas, *Morale et communication*〔1983〕.

44 〔옮긴이〕 리쾨르는 『번역에 관하여*Sur la traduction*』(Bayard, 2004)에서 번역에 관한 성찰을 해석학의 과제와 연결시킨다. 그에 따르면 낯선 타자의 언어를 모국어로 옮기는 도전을 통해 모국어의 가능성을 확장시키고 실현한다는 번역의 과제는 해석의 에움길을 거친 자기 이해를 통해 '할 수 있는 인간'의 잠재적 가능성을 실현한다는 해석학의 과제와 일치한다.

지은이 소개

폴 리쾨르(1913~2005)[1]

리쾨르는 세계적인 명성을 얻은 프랑스의 현대 철학자로서, 그의 저서들은 30여 개국에 번역되었다. 제1차 세계대전 직전 개신교 집안에서 태어났으며, 일련의 상실(태어난 지 얼마 되지 않아 어머니를 잃었고, 아버지는 마른 전투[2]에서 전사했으며, 누나는 결핵으로 사망했다)이 그의 유년기에 깊은 고통의 흔적을 남겼다. 렌에서 조부모 손에 자랐으며, 그 시기에 대해 리쾨르는 아주 어려서부터 독서를 통해 진정한 내면의 거처를 마련하게 되었다고 고백한다. 1930년대, 철학 교수 자격시험에 합격한 젊은 학자 리쾨르의 지적 여정에서

---

1   전기와 관련된 참고문헌은 다음과 같다. François Dosse, *Paul Ricœur. Les sens d'une vie(1913-2005)*, Paris : La Découverte, 1997(재출간: 2008).

2   〔옮긴이〕 1914년 9월 5~12일, 프랑스-영국 연합군과 독일군 사이에 벌어진 전투로서 브리와 샹파뉴 그리고 아르곤에 걸친 전선에서 산발적으로 벌어진 전투들 가운데 하나이다. 연합군은 이 전투에서 승리를 거둠으로써 벨기에를 거쳐 프랑스로 침공하려던 독일군의 계획을 좌절시키지만 양쪽 모두 많은 사상자를 냈다.

두 가지가 눈에 띈다. 하나는 개신교에 관한 것이고, 또 하나는 좌파(사회주의 노동자 인터내셔널 프랑스 지부SFIO에 가입)와 극좌파(무정부 공산주의 성향을 띤 극좌 계열의 잡지 『테르누벨』에 참여) 활동이다.

제2차 세계대전이 발발하고 예비역 장교로 소집되면서 학자로서의 삶이 중단되기는 했지만(전쟁이 일어나자마자 프랑스는 '패주'하고 그는 폴란드 포메라니아 지방의 포로수용소에 억류된다), 리쾨르는 (특히 후설의 『이념』을 번역함으로써[3]) 프랑스에 처음 후설을 소개한 사람들 중 하나이자(의지의 철학에 관한 자신의 논문 『의지적인 것과 비의지적인 것Le volontaire et l'involontaire』[1950]을 통해) 현상학자로, 그리고 카를 야스퍼스와 가브리엘 마르셀, 마르틴 하이데거의 영향을 받은 실존주의자로 알려지게 된다. 이후 리쾨르는 1948년 스트라스부르 대학에서 강의를 시작하고, 1956년 소르본 대학에 교수로 부임한다. 1964년에는 신설된 낭테르 대학으로 자리를 옮기고 "1968년 5월의 사건들"[4]이 벌어

3   [옮긴이] 포로수용소에 억류되어 있던 시기에 리쾨르는 후설의 『이념 I』을 읽으면서 원문 여백에 프랑스어로 번역을 하기 시작했다. 서문을 단 번역본(『현상학과 순수 현상학적 철학을 위한 주도 이념Idées directrices pour une phénoménologie et une philosophie phénoménologique pures』)은 1950년 갈리마르 출판사에서 출간되었다.

4   [옮긴이] 1968년 학생운동이 대학가를 휩쓸던 시기에 알랭 투렌Alain Touraine, 앙리 르페브르Henri Lefebvre 등과 더불어

지기 전 학장으로 선출되지만, 낭테르 대학 캠퍼스에 공권력이 투입되자 학장직을 사임한다. 이 시기에 그는 해석학 전통(딜타이, 하이데거, 가다머)에 현상학 방법을 접목시킴으로써 해석학을 풍요롭게 한다. 그리고 『해석의 갈등Le conflit des interprétations. Essais d'herméneutique』(1969)과 『해석에 대하여: 프로이트에 관한 시론De l'interprétation. Essai sur Freud』(1965)을 통해 구조주의 그리고 "의혹의 거장들"과 때로 충돌하기도 하면서 대결을 펼친다.

리쾨르는 콜레주 드 프랑스의 교수 임용에 실패한 뒤(그 자리는 푸코에게 돌아갔다) 1970년 미국의 시카고 대학에서 강의를 하게 되고, 그곳에서 특히 분석철학의 흐름을 접한 뒤 프랑스에 분석철학을 소개하는 데 기여한다(『살아 있는 은유La métaphore vive』, 1975). 이후 『남처럼 자기 자신Soi-même comme un autre』(1990)에서는 여러 철학적 전통을 포괄

리쾨르는 시위를 주도한 다니엘 콘벤디트Daniel Cohn-Bendit의 퇴학 처분에 반대했고, 『르몽드』지에 자신의 의견을 피력하는 글을 기고하면서 대화를 통해 문제를 해결하려 한다. 1969년에는 계속되는 학생 소요 사태를 진정시킬 적임자로 리쾨르가 학장으로 선출되지만, 캠퍼스는 이미 대화와 토론 자체가 불가능한 상황이었다. 리쾨르는 학장실을 점거한 극좌파 학생들로부터 "늙은 광대"라는 조롱을 받으며 심지어 머리에 쓰레기통을 뒤집어쓰는 수난을 겪기도 했는데, 언론에 보도되기도 했던 이 유명한 사건을 주도했던 학생은 후에 교수가 된 뒤 리쾨르를 찾아와 사과했다고 한다.

하려는 노력을 보여줌과 동시에, 그의 지적 작업을 하나로 엮는 철학적 인류학의 구축을 위해 인문 사회과학 분야와의 대화를 지속적으로 이어간다(『텍스트에서 행동으로*Du texte à l'action. Essais d'herméneutique II*』〔1986〕,『이데올로기와 유토피아*L'idéologie et l'utopie*』〔1997〕). 1983년과 1985년 사이에 전 3권으로 펴낸『시간과 이야기*Temps et récit*』, 그리고 만년의 대작『기억, 역사, 망각*La mémoire, l'histoire, l'oubli*』(2000)은 인식론적 관점에서 그가 가장 관심을 기울인 분야가 무엇보다 역사학임을 보여준다. 정치적으로 리쾨르는 젊은 시절의 혁명적 마르크스주의와는 결별했지만, 자신의 시대를 바라보면서 행동했던 지식인으로서, 또한『에스프리』지의 기고가로서 평생 좌파(반反전체주의 좌파)에 대한 투철한 신념을 한번도 저버리지 않았다.

코르넬리우스 카스토리아디스(1922~1997)[1]

코르넬리우스 카스토리아디스는 1922년 그리스 콘스탄티노플에서 태어났다.[2] 그는 일찍부터, 그 자신의 표현을 빌리자면 "어처구니없이 젊었을 때" 정치와 철학에 빠져들었다. 정치와 철학은 죽을 때까지 그를 떠나지 않았던 두 가지 열정이었으며, "자율 기획projet d'autonomie"은 그 결실 가운데 하나이다. 혁명을 꿈꾸는 젊은 활동가이던 그는 1937년 청년 공산주의자 동맹에 가입하고, 곧이어 트로츠키주의로 선회하여 독일 점령하에 있던 1942년에는 스피로스 스티나스[3]가 이끄는 조직에 합류한다.[4] 내전 시기[5]에는 그리스 경찰과 스탈

---

1   전기와 관련된 참고문헌은 다음과 같다. François Dosse,
     Castoriadis, une vie, Paris : La Découverte, 2014.
2   〔옮긴이〕 제1차 세계대전 뒤 연합국의 일원이었던 그리스가
     튀르키예의 영토였던 콘스탄티노플을 차지했으나, 이후 양국
     간에 전쟁이 벌어지고 1922년 8월 튀르키예가 콘스탄티노플을
     되찾았다.
3   〔옮긴이〕 Spiros Stinas(1900~1987) : 본명은 스피로스 프리프티스
     Spyros Priftis. 정치가로서 그리스 공산당의 간부 및 트로츠키
     계열의 다양한 분파들을 이끌었으며 카스토리아디스의 정치적
     멘토였다.
4   〔옮긴이〕 트로츠키주의로 선회한 카스토리아디스는 독일 점령
     직전인 1939년 체포되었다가 풀려난 뒤, 몇몇 동지들과 청년
     공산주의자 동맹의 전신이 되는 지하 조직을 결성하고 잡지 『네아
     에포키*Nea Epoki*』를 발간한다. 반反나치 그리고 광신적이고
     관료적인 공산당 조직에 대한 비판을 기조로 한 이 잡지는 상당한

린주의자들에게서 동시에 목숨의 위협을 받고 1945년 프랑스로 망명한다.

카스토리아디스는 1946년부터 제4인터내셔널 프랑스 지부인 PCI[6]에 가입하지만, 클로드 르포르[7]와 같은 몇몇 동지들과 함께 비판적 경향을 주도하면서 1949년 PCI를 떠나게 된다. 이를 계기로 '사회주의냐 야만이냐' 그룹을 창설하고 같은 해 동명의 잡지 창간호를 발간한다. 15년 동안 40호까지 발간된 『사회주의냐 야만이냐』는 스탈린주의든 자본주의든 구분하지 않고 모든 관료제적 전체주의에 대해 격렬하고도 집요한 비판을 전개한다. 카스토리아디스는 그 일에서 중요한 역할을 했지만, 무엇보다 직접민주주의 개념을 중심으로 위계 구조에 맞선 협의체주의[8]라는 주제를 정립하는 일에

반향을 얻었지만 공산당이 반나치 투쟁에서 주도권을 장악한 뒤 카스토리아디스는 스티나스가 이끄는 극좌파에 가담한다.

5   [옮긴이] 20세기 들어 그리스는 발칸 전쟁과 제1차 세계대전,
    나치를 추종하는 메탁사스Ioannis Metaxas의 군부 독재(1936~41),
    나치 점령(1941~44), 해방 이후 좌우 이념 대립으로 인한
    내전(1944~1949), 군사 정권과 민주화에 이르기까지 혼란스러운
    지각 변동을 겪는다.

6   [옮긴이] Parti Communiste Internationaliste : 1944년
    제4인터내셔널의 지부로 설립된 트로츠키 계열의 조직.

7   [옮긴이] Claude Lefort(1924~2010) : 프랑스 철학자로서
    카스토리아디스와 함께 '사회주의냐 야만이냐' 그룹을 공동
    창설했으며 사회과학고등연구원의 연구책임 교수로 재직했다.
    마키아벨리와 메를로-퐁티 그리고 동구권 정치 체제에 관한
    연구를 많이 남겼다.

신념과 역량을 쏟아붓게 된다.

카스토리아디스는 또한 경제학자로서 유럽경제협력기구OECE에 참여하고 정신분석가 수련 과정을 밟기 시작한다. 이후 라캉의 세미나에 참석하면서 자신의 '근본 사상'이 될 철학적 주제들을 구축하게 된다.

1970년 프랑스로 귀화하면서 그동안 사용해온 필명들 (쇼리외Chaulieu, 카르당Cardan, 바르조Barjot…) 대신 본명으로 글을 발표할 수 있게 되고, 주저 『사회의 상상적 제도』 (1975)를 출간한다. 이 책의 1부에서 카스토리아디스는 혁명가로 남고자 한다면 마르크스주의를 버려야 함을 보여주려고 했고, 2부에서는 자율적 사회의 기획이 항구적 창조로서의 존재, 근본적 상상력으로서의 인간 주체, 근본적 상상으로서의 사회를 전제하고 있음을 보여주려 했다. 인식론, 정신분석, 경제학, 역사철학 등 여러 학문 분야가 교차하는 이 작품의 주제는 총 여섯 권으로 출간된 『미로의 갈림길 *Les carrefours du labyrinthe*』(한 권은 사후 출간), 1980년부터

8   〔옮긴이〕'협의체주의'는 노동자들의 협의체에 권위와 권력을 위임함으로써 혁명적 시스템을 구축하려는 마르크스주의적 정치 이데올로기로서, 20세기 초에 러시아와 독일의 노동 운동을 통해 본격적으로 등장했다. 협의체주의는 직접민주주의를 통해 노동자들의 평등과 협동을 강화하고, 자율적 조직과 집단적 결정을 중요시함으로써 자본주의와 중앙집권화된 공산주의에 맞선 대안을 제시하고자 한다.

1997년까지 이어진 사회과학고등연구원 세미나(이 중에서 5년 동안의 세미나 강의록이 1997년 『인간의 창조_La création humaine_』[전 4권]라는 제목으로 출간되었다)에서 계속 심화되어간다.

옮긴이 해제

역사는 어떻게 나아가는가?
: 역사와 상상, 혁신 혹은 창조에 대하여

2005년 5월 20일, 폴 리쾨르는 92세의 나이로 파리 근교 샤트네 말라브리의 '하얀 담장Les Murs Blancs'[1]에서 죽음을 맞이했다. 리쾨르는 임종 전날 저녁까지 가족들과 이야기를 나누다가 잠이 든 것으로 알려졌고, 유언에 따라 장례식은 가까운 친지들만 참석한 가운데 조촐하게 치러졌다. 리쾨르는 생전에 이렇게 말한 적이 있다. "나는 '죽음 이후après-la-mort'가 아니라 삶을 궁극적으로 긍정하는 행위인 '죽기mourir'를 기획한다. 삶의 종말에 대한 나의 경험은 죽는 행위를 삶의 행위로 만들겠다는 이 가장 깊은 맹세를 양식으로 삼는다."[2] 이 말에는 죽음을 '죽을 수밖에 없는 존재'의 관점이 아니라 삶의 관점에서 바라봐야 한다는 믿음이 담겨 있다. 살아 있는 한

1   『에스프리』를 창간한 에마뉘엘 무니에는 1939년 자신의 철학적 이념에 동조하는 친구들과 함께 파리 근교의 샤트네 말라브리에 집을 짓고 일종의 공동체 생활을 하는데, '하얀 담장'이라 불렸던 이곳은 1950년 무니에가 죽은 후 침체된 상태였다. 1957년 무니에의 뒤를 이어 『에스프리』를 이끌던 장-마리 도므나크Jean-Marie Domenach의 제안으로 리쾨르는 가족과 함께 '하얀 담장'에 정착했다.

2   Paul Ricœur, *La critique et la conviction*, Paris: Calmann-Lévy, 1995, p. 236.

그 누구도 자기 자신을 내일 죽을 존재로 취급해서는 안 된다
는 믿음은 그의 사후에 출간된 책의 제목이기도 한 "죽을 때
까지 살아 있는"[3]이라는 짧은 말에 함축되어 있다. 하지만 오
직 홀로 맞이하는 죽음 앞에서 과연 그의 기획이 이루어졌는
지, 스스로에게 한 맹세를 지킬 수 있었는지는 알 수 없다. 어
쨌든 잠들듯이 조용하게 죽음을 맞이한 리쾨르와 달리, 심장
질환 등으로 여러 차례 수술을 받다가 혼수상태에 빠져 죽음
을 맞은 카스토리아디스는 장례식도 꽤 시끌벅적했다고 전
해진다. 생전에 그는 어떤 장례식을 원하냐는 아내 조에의 물
음에 클라리넷으로 연주하는 그리스의 전통 장례 음악 〈미로
로이Miroloï〉를 들으며 몽파르나스 묘지에 묻히고 싶다고 말
했다고 한다. 1997년 12월 26일 그가 75세의 나이로 사망했
을 때 실제로 그리스에서 클라리넷 연주자가 왔고, 연주가 절
정에 이르렀을 때 조객들은 카스토리아디스의 관 위로 장미
꽃을 던지며 애도의 뜻을 표했다. 가수 리즈 매콤Liz McComb
이 추도사를 했고, 그리스에서 날아온 피아니스트 도라 바코
풀로스Dora Vakopoulos는 카스토리아디스가 즐겨 들었던 베토
벤의 피아노 소나타를 연주했다. 또 식이 진행되는 동안 누군
가 프루스트의 『잃어버린 시간을 찾아서』의 한 구절을 읽었
고, 카스토리아디스의 친구였던 멕시코의 시인 옥타비오 파

3   Paul Ricœur, *Vivant jusqu'à la mort*, Paris: Seuil, 2007.

스Octavio Paz의 추도사도 전해졌다.

두 철학자가 죽음을 맞이한 모습이 상당히 대조적이듯이, 그들의 성격 또한 많이 달랐던 것 같다. 이 책의 바탕이 된 〈르 봉 플래지르〉 대담을 편집한 방송 자료를 들어보면 말하는 스타일이나 어조 등에서 이들의 개성이 확연히 드러난다.[4] 부드러우면서도 차분하게 한 치의 양보도 없이 자신의 논지를 펴나가는 '불굴의 전사' 리쾨르에 맞선 카스토리아디스는 조금은 다혈질의 어조로 '고독한 검투사'처럼 상대의 허를 노리며 신랄한 공격을 펼친다. 그런데 한국에서 이들의 사망 소식은 사르트르, 레비-스트로스, 알튀세르, 들뢰즈, 푸코, 데리다, 부르디외 등 다른 프랑스 철학자들의 죽음에 비해 별다른 주목을 받지 못했다. 여러 가지 이유를 들 수 있겠지만, 무엇보다 20세기 후반을 장식했던 실존주의와 구조주의 그리고 후기구조주의로 이어지는 프랑스 철학의 유행 속에 하나의 학파나 특정의 흐름 속에 집어넣기 힘든 리쾨르와 카스토리아디스의 철학이 상대적으로 덜 알려졌기 때문일 것이다. 실제로 리쾨르의 철학에는 아리스토텔레스, 아우구스티누스부터 칸트와 헤겔을 거쳐 야스퍼스, 후설, 하이데거, 레비나스,

---

4   카스토리아디스와의 대담을 비롯하여 에마뉘엘 레비나스, 올리비에 몽쟁Olivier Mongin, 장-마르크 페리가 등장하는 대담들은 프랑스퀼튀르의 팟캐스트에서 들을 수 있다. https://www.radiofrance.fr/franceculture/podcasts/les-nuits-de-france-culture/le-bon-plaisir-paul-ricoeur-1ere-diffusion-09-03-1985-9746030.

프로이트에 이르기까지 수많은 사상이 들어 있고, 프랑스 구조주의와 후기구조주의 철학뿐 아니라 영미권의 철학자들까지 더해지면서 그의 학문적 정체성은 윤곽을 그리기 더 어려워진다. 카스토리아디스의 지적 이력 역시 철학만이 아니라 역사학, 정신분석학, 정치학, 경제학, 사회학 등 다방면에 걸쳐 전개된다. 카스토리아디스의 글들을 모은 책의 제목(『미로의 갈림길』)이 암시하듯 그의 글들 자체가 일관성을 쉽게 찾을 수 없다는 특성을 보이며, 따라서 그의 사유의 핵심에 이르려면 많은 노력이 필요하고 때로 시행착오도 거치게 된다.

리쾨르와 카스토리아디스의 사유를 형성한 당대의 지적 풍경을 살펴보자면, 우선 전통적인 거대 담론에 반기를 들며 시작된 1960년대의 이론 전쟁을 언급해야 한다. 이 시기에 소쉬르의 구조주의 언어학 모델은 레비-스트로스의 구조인류학과 신비평, 바르트의 기호학, 라캉의 정신분석, 알튀세르의 마르크스주의에 방법론적 토대를 제공했고, 뒤이어 푸코의 지식의 고고학, 데리다의 해체론, 크리스테바의 페미니즘 등 새로운 담론들이 생산되었다. 1960년대의 이러한 지적 변모는 주체의 위기와 밀접하게 관련된다. 데카르트적인 이성, 즉 코기토에 바탕을 둔 모더니즘에서 출발한 현대 철학은 이른바 마르크스, 니체, 프로이트의 탈-신비적 해석으로 근본부터 흔들리게 된다. 이들 '의혹의 거장들maîtres du soupçon'은 데카르트 이후 근대 관념론이 내세운 합리적 주체 대신 "의식의 거짓, 거짓으로서의 의식의 문제"[5]를 제기하면서 의식 너머에 숨어 있는 관심이나 동기를 찾고자 하는 주체의 고고학 또는 계보학을 지향한다. 그렇게 이성과 탈-이성, 존재와 비-존재 사이의 대립에서 새로운 모색들이 생겨난다.

여기서 리쾨르의 해석학은 후설의 현상학적 전통과 마르셀과 무니에, 야스퍼스 등의 기독교 실존주의 전통을 결합함과 아울러 영미의 분석철학을 받아들임으로써 그리스적 전통과 유대-기독교적 전통이라는, 서구 문화를 관류하는 두 가지 전통의 변증법적 지양을 시도한다. 리쾨르의 이러한 시도를 두고 체계적인 사유나 독창적 개념이 없는 백과전서식 야망 혹은 절충주의 철학이라고 비판하거나 철학의 자율이라는 가면 아래 신학의 얼굴을 감추고 있다고 깎아내리는 사람들도 있었다. 하지만 1983년에서 1985년까지 『시간과 이야기』 전 3권이 출간되고 1986년 『텍스트에서 행동으로』가 나왔을 때 『르몽드』지는 1면에 실린 미셸 콩타Michel Contat와 리쾨르의 인터뷰에서 이 책을 유럽 지성계의 위기를 극복할 수 있는 길잡이로 소개했다. 이러한 "뒤늦은 진급"[6]

---

5   Paul Ricœur, *Le conflit des interprétations. Essais d'herméneutique*, Paris: Seuil, 1969, p. 101.

6   이 인터뷰에서 미셸 콩타가 이제 "리쾨르의 시대"가 온 것을 느낀다며 그의 철학에 경의를 표하자, 리쾨르는 웃으면서 "뒤늦은 진급일 뿐이죠"라는 유머로 답했다고 한다.

이후, 1990년에 출간된 『남처럼 자기 자신』은 데카르트 이후 유럽 지성계의 주된 주제인 인간의 행위에 대한 모든 견해를 포괄하려는 노력을 담고 있다는 찬사를 받았다(이 책이 자살로 생을 마감한 아들 올리비에에게 바치는 「행동의 비극성Le tragique de l'action」이라는 부제의 글을 담고 있다는 것은 의미심장하다). 이와 같은 리쾨르의 철학적 성찰은 인간의 행위와 정체성의 문제에 대한 여러 논쟁과 토론을 불러오게 된다.[7] 1990년대에 그는 자신의 지적 여정을 회고한 『돌이켜보며: 지적 자서전Réflexion faite. Autobiographie intellectuelle』(1995)을 출간한 이후, 『이데올로기와 유토피아』(1997), 『기억, 역사, 망각』(2000) 등 역사와 이데올로기, 윤리, 정의, 성서 해석학, 악의 수수께끼에 관한 저서들을 잇달아 발표하면서 지칠 줄 모르는 학문적 열정을 이어갔다. 특히 『기억, 역사, 망각』의 저술 배경과 관련하여 리쾨르는 이렇게 고백한

7   1990년대 이후 프랑스 지성계에서 리쾨르가 이처럼 큰 관심을 얻게 된 것은 사회적으로 논란이 된 문제들에 대한 철학적 대답이 절실했던 까닭도 있을 것이다. 예컨대 위법 체류자 문제, 에이즈 혈액 오염 사건, 무슬림 여성들의 베일 착용을 둘러싼 논쟁 등에서 리쾨르는 흑백논리가 아니라 '회색과 회색 사이의 선택'의 문제로 보고 아리스토텔레스의 목적론적 윤리와 칸트의 도덕 명령, 즉 선한 것과 합법적인 것 사이에서 올바른 해결책을 제시하려고 노력했다. 또한 그렇게 얻은 답들을 행동으로 실천하는 일에도 관심을 기울였다. 사회당 로카르 정부의 사회정책에 대한 자문과 강연을 하기도 했고, 정치와 철학 그리고 인문과학 전반에 관한 성찰을 담은 『강의』 3권(1999)도 출간했다.

바 있다. "수많은 기념들이 주는 영향 그리고 기억과 망각의 남용에 대해서는 말할 것도 없겠지만 여기서는 지나친 기억이, 다른 곳에서는 지나친 망각이 불러일으키는 불안스러운 광경에 심란하지 않을 수 없다. 올바른 기억의 정치학이라는 생각은 이 점에서 내가 시민으로서 밝힐 수 있는 주제들 가운데 하나이다."[8]

이처럼 뒤늦게나마 인정을 받으며 1990년대 이후 한국에서도 소개되기 시작한 리쾨르에 비해 카스토리아디스의 경우에는 심지어 프랑스 지성계에서도 거의 잊힌 느낌이다. 국내에서는 그의 주저인 『사회의 상상적 제도』가 1994년에 전체 2부 가운데 1부만 번역되어 나온 바 있지만 이미 절판된 상태이다. 다양한 학문 분야를 넘나들며 독창적인 사유를 펼쳤던 "정신의 거인"[9]이 어떻게 해서 제대로 인정받지 못하고 주변인으로 남게 되었는가? 우선 카스토리아디스는 삶과 지적 여정부터 독특하다. 청소년 시절 가족 상황으로 인한 개인적 트라우마뿐 아니라,[10] 독일 점령하에서 레지스탕스에 가

8   리쾨르재단 누리집(http://www.fondsricoeur.fr).
9   카스토리아디스가 사망한 후 『르몽드』에는 "정신의 거인titan de l'esprit"의 치열한 지적 여정을 되짚어본 에드가 모랭Edgar Morin의 추모 글이 실렸다.
10   남편 때문에 매독에 감염된 카스토리아디스의 어머니는 제대로 치료도 받지 못하고 정신질환 등으로 고통받다 1938년 사망했다. 그런 어머니를 간호해야 했던 카스토리아디스는 열여섯 살 때 어머니가 사망한 후 그 심리적 후유증 때문에 심한 탈모증으로

담하면서 보수 반동적 우파와 스탈린주의자들에게서 동시에 위협을 받고 목숨을 빼앗길 뻔한 경험은 집단에 대한 트라우마를 갖게 했고, 이는 전체주의와 관료제에 대한 비판 그리고 혁명에 대한 열정으로 이어졌다. 이는 또한 냉전 시기의 정치적 상황과 맞물려, 그는 자본주의와 사회주의라는 상투적 이분법에 빠지지 않고, 소비에트에 대한 열광으로 들끓던 프랑스 지성계와 일정한 거리를 유지할 수 있었다. 카스토리아디스의 삶과 지적 여정에 대해 방대한 분량의 전기를 쓴 프랑수아 도스는, 20세기 후반 다양한 이념과 사상 들의 격전지에서 "사상의 팡테옹"에 들어갈 만한 충분한 자격을 가진 카스토리아디스가 주변인으로 머물 수밖에 없었던 역설을 프랑스 지성계에서 그가 차지하는 위상 및 독특한 문제 설정에서 찾는다. 우선 마르크스주의자로서의 카스토리아디스는 스탈린의 전체주의에 맞서 '사회주의냐 야만이냐'의 동지들과 더불어 소비에트의 전체주의 체제만이 아니라 마르크스주의 자체에 대해서도 치열한 비판을 전개했고, 포스트구조주의적 마르크스 해석이나 비판 이론 진영과도 거리를 두면서 자본주의 사회를 변혁할 수 있는 혁명의 희망을 버리지 않았다.

　　카스토리아디스는 자신의 주저인 『사회의 상상적 제도』에서 이렇게 말한다. "혁명적 마르크스주의에서 출발한 우리

고생했다. François Dosse, *Castoriadis, une vie*, Paris: La Découverte, 2014, p. 15.

는 이제 마르크스주의자로 남느냐 아니면 혁명가로 남느냐 사이에서 선택해야 하는 지점에 이르렀다.”[11] 물론 그가 꿈꾸는 사회와 혁명은 헤겔식의 절대적 이성이 지배하는 사회도, 역사가 종말을 고하는 사회도 아니고, 프롤레타리아가 지배하는 혁명도 아니다. 그것은 사회의 상상적 제도를 창조함으로써 개인이 자유로운 사회, '자율autonomie'을 기본 규칙으로 삼는 사회이다. 그의 주체 이론 또한 데카르트와 칸트로 이어지는 반성철학이나 하이데거와 사르트르로 이이지는 실존주의적 해석학 전통과도 다르며, 정신분석에 관한 이론도 그 당시 프랑스에서 정신분석학을 이끌었던 라캉의 이론과도 다르다(카스토리아디스는 1973년 첫번째 부인이자 정신분석의였던 피에라 올라니에와 함께 그들의 아파트에 사무실을 열고 정신분석가로 활동하기도 했다). 이처럼 어떤 특정 학문 분야에 속하지 않고 경계를 넘나들면서 자기만의 세계를 구축하려 한 카스토리아디스는 “혁명이라는 환상에 빠진 정신분석가”로 여겨지기도 했다.

이처럼 정신분석, 마르크스주의, 현상학, 구조주의 등 1950년대부터 70년대까지 프랑스 지성계를 휩쓸었던 이른바 'French Theory'의 광풍 속에서 리쾨르와 카스토리아디스는 다양한 철학적 사유와 대화하고 대결하면서 (상대적으로

---

11   Cornelius Castoriadis, *L'institution imaginaire de la société*, Paris: Seuil, 1975, p. 21.

주목은 받지 못했지만) 서로 다른 지적 여정을 이어갔다. 정치적으로는 두 사상가 모두 좌파이면서 반-전체주의적 입장을 견지했는데, 그럼에도 불구하고 이들의 대화가 거의 없었다는 점은 상당히 이례적이라고 할 수 있다.[12] 본격적인 학술적 논쟁이라고 할 수는 없지만 1985년 〈르 봉 플래지르〉 폴 리쾨르 편에서 나눈 대담이 이들의 거의 유일한 논쟁이라 할 수 있다. 이들의 사유가 만나고 갈라지는 지점들을 보여주는 이 대담에서 대화를 가능하게 하는 지점은 바로 마르크스주의와 정신분석 그리고 구조주의와의 관계를 중심으로 '역사적인 것'과 '상상적인 것' 그리고 '정치적인 것'이 뒤얽히는 자리이다. 요안 미셸 또한 이 책의 서문에서 이들이 나누는 '생생한 대화'의 주제를 크게 '역사'와 '상상' 그리고 '실천적-정치적인 것'으로 나누고 그 대화의 저변에서 맥을 이어가는 문제를 역사적 '창조création'와 '생산production'에 대한 물음으로 짚어냈다. 물론 그러한 물음은 1960년대 이후 이어진 이론

---

12 두 사람의 개인적인 인연으로는 리쾨르가 68 당시 낭테르 대학의 학장으로서 사태를 수습하기 위해 노력하던 중 극좌 학생들로부터 쓰레기통을 뒤집어쓰는 수모를 당했을 때, 카스토리아디스가 "이 추악한 사건"에 대해 분개하면서 사태에 대응하는 리쾨르의 태도를 적극 지지하는 편지를 보낸 바 있다. François Dosse, *Castoriadis, une vie*, p. 264. 또한 카스토리아디스가 낭테르 대학에서 리쾨르에게 박사 논문 지도를 받으려 했고(실제로 이루어지지는 않았다), 사회과학고등연구원의 연구교수로 지원할 때 리쾨르가 추천서를 써준 일도 있었다.

전쟁의 격전지에서 이들이 형성한 공동 전선과 밀접한 관계가 있기에 리쾨르와 카스토리아디스의 논쟁을 따라가기 위해서는 당대의 지적 풍경에 대한 이해도 필요하다. 게다가 대화가 문학, 역사, 철학, 사회학, 인류학, 생물학 등 다양한 학문 분야를 종횡무진 넘나드는 탓에 특정한 주제를 정해 따로 떼어내어 논하기도 어렵다. 이들의 사유가 수렴하고 이산하는 지점들이 대화 속에 매우 미묘하게 얽혀 있어 그 맥락을 명확하게 짚어내는 것도 쉽지 않다.[13]

그럼에도 불구하고 그 내용을 간단히 요약하자면, 우선 리쾨르와 카스토리아디스는 플라톤 이래 서구 철학에서 현실 또는 실재에 대한 인식과 관련하여 비합리적이라고 불신을 받아온 상상력에 중요한 비중을 둔다는 점에서, 또한 상상을 상부구조의 이데올로기적 변형이나 왜곡 또는 은폐로 간주하는 마르크스주의와 단절하고 상상력에 신뢰를 부여한다는 점에서 서로 만난다. 전통적으로 상상력의 긍정적인 측면은 인식론이나 예술적 창조와 관련된 미학 영역에서 다뤄져왔지만, 상상력을 실존적 자유와 연결시킴으로써, 즉 존재하는 것을 부정할 수 있는 상상력의 힘이 주체로 하여금 자신을

---

13   서문을 쓴 요안 미셸은 이 책이 발간되기 전에 이들의 논쟁에 관한 글을 발표한 바 있다. 서문과 다소 중복되지만 보다 체계적으로 자세하게 정리하고 있기에 참고할 만하다. Johann Michel, *Ricœur et ses contemporains. Bourdieu, Derrida, Deleuze, Foucault, Castoriadis*, Paris : PUF, 2013.

기투할 수 있는 새로운 가능성을 열어준다고 본 사르트르와
함께 획기적인 전환이 이루어졌다. 하지만 리쾨르가 주목하
는 것은 현실로부터의 해방이라는 이런 상상력의 기능이 아
니라 칸트가 『판단력 비판』에서 "상상력의 '자유로운 유희'"
라는 명목으로 정의한 판단력의 기능, 그리고 후설의 현상학
적 전통에 따라 현실을 다르게 보고 기술하는 "상상의 변주
variations imaginatives"로서의 기능이다. 우리가 대상을 지향하
면서 하나의 전체로 대상을 구성하고 그 '형상eidos'을 파악하
며 우리의 단순한 지각을 넘어서는 의미 지평을 투사할 때,
감각으로 주어진 것을 넘어서서 대상의 '형상'을 구성하고 '할
수 있는' 역량을 시험할 수 있는 것은 바로 "실천적 가능태le
possible pratique"로서의 상상력이 갖는 일반적 기능 덕분이다.
카스토리아디스 또한 인간 존재의 근본적인 물음들과 관련
하여 상상의 의미작용이 갖는 중요성을 강조한다. 그는 무엇
보다 주체의 "근본적 상상l'imaginaire radical"과 '사회적 개인
socius'의 "사회적 상상l'imaginaire social"을 유기적으로 연결함
으로써 개인적 주체와 집단적 주체를 같이 사유할 수 있는 길
을 모색한다. 리쾨르와 카스토리아디스는 이처럼 상상력을
어떤 것에 대한 이미지 또는 정신적 표상으로 보는 기존의 상
상력 이론을 넘어서서, 철학적 인류학의 관점에서 상상력의
긍정적 기능을 강조하면서 언어는 물론 행동을 통한 실천적
차원에까지 이를 확장했다는 점에서 상통한다. 집단적 차원

에서의 상상은 상징과 제도들을 매개로 현실화되면서 '이데 올로기와 유토피아'(리쾨르) 혹은 '사회적 상상'(카스토리아디스)으로 나타난다.

리쾨르와 카스토리아디스를 이어주는 또 다른 지적 토대는 프로이트의 유산이다. 리쾨르는 의혹의 해석학을 거쳐 정신분석을 받아들이면서 "이드id가 있는 곳에 자기soi가 와야 한다"고 말함으로써 "주체-되기devenir-sujet"의 상징적 조건을 강조한다. 『해석에 대하여』의「서문」에서 리쾨르는 책의 목적을 다음과 같이 밝힌다. "나의 문제는 프로이트적 담론의 일관성에 대한 것이다. 이는 우선 인식론적 문제이다. 무엇보다도 정신분석에서 해석이란 무엇이며, 인간의 기호에 대한 해석은 욕망의 뿌리에 이르기를 요구하는 경제학적 설명과 어떻게 관련되는가? 둘째는 반성철학의 문제이다. 이러한 해석에서 도출되는 자기에 대한 새로운 이해는 무엇이며, 그러한 자기는 어떻게 스스로를 이해하기에 이르는가? 셋째는 변증법적 문제이다. 프로이트의 문화 해석은 다른 모든 것을 배제하는가? 만일 그렇지 않다면, 절충론에 굴복하지 않는 다른 해석들과 조화를 이룰 수 있는 다른 사유의 규칙은 무엇일까?"[14] 카스토리아디스는 1960년대 초반 라캉의 세미나에 참석하면서 마르크스주의와는 거리를 두고 프로이

---

14   Paul Ricœur, *De l'interprétation. Essai sur Freud*, Paris : Seuil, 1965, p. 8.

트로 옮겨 가면서 '상상' 개념의 중요성을 깨닫고 '창조'를 주제로 한 기획을 펼치게 된다. 그는 상상 차원을 일종의 '반영-거울 이미지'로 환원시키고 상징에 지나친 비중을 부여하는 라캉의 도식을 플라톤적 도식이라고 비판하면서 (피에라 올라니에의 정신분석 개념을 받아들여) 상상에 주체 형성의 근본적 토대를 부여하고, 역사적 과정에서 문화 영역이 차지하는 비중을 강조한다.[15] "역사는 우리가 '근본적 상상'이라 불렀던 '생산적' 또는 '창조적 상상력' 바깥에서는 불가능하고 생각할 수도 없다. 그런 근본적 상상은 역사적 '행위'에서, 그리고 그와 동시에, 명시적인 어떤 합리성에 앞서 '의미 효과' 세계의 형성에서 확실하게 드러난다."[16]

1960~70년대 알튀세르 등과 더불어 이데올로기가 내적 일관성을 갖는, 하지만 여전히 부차적인 심급으로 간주되던 시기에 카스토리아디스는 마르크스주의자로서는 드물게 상상을 사회-역사적 존재론의 토대로 삼았고, 그의 주저의 제목 '사회의 상상적 제도'도 그렇게 나왔다. 그에 따르면 역사

15 "내가 말하는 상상은 '무엇의' 이미지가 아니다. 그것은 형상들/형식들/이미지들의 끊임없고 본질적으로 '불확정적인indéterminé' (사회-역사적이고 심리적인) 창조이며, 오로지 그에 따라서만 어떤 것'의 문제가 될 수 있다. 우리가 '현실réalité'과 '합리성'이라고 부르는 것은 상상의 산물이다"(Cornelius Castoriadis, *L'institution imaginaire de la société*, pp. 7~8).
16 같은 책, p. 204.

속에서 변형하고 창조하는 능동적 행위자로서의 인간의 '사회적 상상'이 제도를 만들어내고, 사회는 상징적인 제도의 매개를 통해 유지되고 존속된다. 사회의 제도적 규칙을 제정하는 합리적이고 의식적인 몫도 있으나 그 근원은 사회적 상상에 있다. "제도는 상징으로 환원되지는 않지만 상징을 통해서만 존재할 수 있다. 제도는 이차적인 상징 바깥에서는 불가능하며, 각각의 제도는 고유의 상징 망을 구성한다. 주어진 경제 조직, 법체계, 제도화된 권력, 종교는 승인받은 상징체계로서 사회적으로 존재한다."[17]

이처럼 리쾨르와 카스토리아디스는 똑같이 상상에 핵심적인 중요성을 부여하고 있고, 카스토리아디스의 "근본적 상상l'imaginaire radical"은 리쾨르가 말하는 상상력의 "존재론적 격정la véhémence ontologique"에 상응한다고 볼 수 있다. 심지어 카스토리아디스가 "'자아,' 의식과 의지는 '내 안에서' 나를 지배하고 나를 행위하게 하는 어두운 힘의 자리를 차지해야 한다"[18]라고 말할 때 그 '자아'는 리쾨르의 '자기'와 다르지 않다. 그래서 이들의 논쟁은 비슷한 관점을 다른 용어로 표현하는 것처럼 보이기도 한다. 실제로 리쾨르도 대담 중에 놀라워하며 "그렇다면 우리는 같은 편이네요!"(p. 57)라고 말하는가 하면, 카스토리아디스 역시 자신들이 같은 말을 하고 있음을

17   같은 책, p. 174.
18   같은 책, pp. 150~51.

깨닫고 "그런데 우리가 영어로 하자면 'at cross purposes'(각자 다른 목적으로)로 대화하고 있다는 느낌이 드는군요"(p. 75)라고 다소 불만을 표하기도 한다. 하지만 두 사람은 창조와 생산, '근본적 변혁'과 '전통의 침전과 혁신'으로 표현되는 역사 이해와 실천적 차원에서 분명하게 엇갈린다. 요컨대 두 사람의 주장이 '미로의 갈림길'처럼 만나고 엇갈리는 이 논쟁에서 대화의 흐름이 끊기지 않도록 맥을 이어주는 주제가 '사회적이고 정치적인 상상과 역사'라고 할 때, 상상에 대한 관점에서 서로에게 다가갔던 이들은 역사 인식에서는 갈라서는 듯하다. 이와 관련하여 두 사람의 철학적 배경에 대해서는 좀더 자세하게 언급할 필요가 있다.

리쾨르: 역사와 이야기 그리고 인간의 시간

『시간과 이야기』에서 리쾨르는 시간성의 아포리아에 서사성 narrativité의 시학이 어떤 해결책을 가져올 수 있는지 탐구한다. 여기서 '역사' 문제는 시간의 총체성과 관련된 아포리아, 즉 집합적 단수로서의 시간le temps과 과거, 현재, 미래라는 세 가지 범주로 나누어진 시간 사이의 불협화음이라는 아포리아를 통해 제기된다. 리쾨르는 그러한 불협화음에 대응하는 다양한 시도들(플라톤, 아리스토텔레스, 아우구스티누스,

칸트, 후설, 하이데거)을 종합적으로 검토하면서, 절대적 지식의 영원한 현재를 통해 역사를 총체적으로 이해한다는 헤겔의 관념론을 포기하고 '기대 지평'과 '전통성' 그리고 '현재의 힘'이라는 역사의식의 세 가지 차원 사이의 '불완전한 매개'를 통해 대응할 것을 제안한다. 불협화음을 내포하지만 전체적으로는 화음을 이루는 역사, 단일하지만 인간의 행동주도력을 통해 끊임없이 해체되고 만들어지는 역사를 상정함으로써 시간의 아포리아는 사변적, 독백적 차원을 벗어나 실천적, 대화적 힘을 얻게 된다는 것이다. 단일한 하나의 역사와 인류라는 이념은 윤리적, 정치적 의무에 토대를 둔 '기대 지평horizon d'attente'과 '경험 공간espace d'expérience'이라는 메타-역사적 범주와 결합함으로써 창백한 초월성에서 벗어날 수 있다.[19] 현재가 위기로 나타나는 것은 기대 지평이 멀어지고 경험 공간이 줄어들기 때문이다. "기대는 유토피아 속으

19   라인하르트 코젤렉, 『지나간 미래』, 한철 옮김, 문학동네, 1998
      참조. 코젤렉은 "모든 역사는 행동하고 고통받는 인간의 경험과
      기대를 통해 구성된다"(p. 390)라는 테제 아래 현실적 역사의
      가능성의 조건이 역사 인식을 구성한다고 보고 경험 공간과 기대
      지평이라는 '메타-역사적 범주'로 이를 파악하려 한다. 즉 '경험'과
      '기대'는 과거와 미래를 교차시키고 있기 때문에 불가역적인
      역사적 시간을 다루기에 적합한 범주라고 보는 것이다. 하지만
      기대는 경험에서 도출될 수 없고 미래는 경험할 수 없기 때문에
      경험 공간과 기대 지평 사이에는 불일치가 발생하며, 여기에
      역사적 시간 구조의 아포리아가 있다고 말한다.

로 도피하고 전통은 죽어버린 담보물로 바뀔 때, 현재는 전적으로 위기가 된다."[20]

새로운 시간에 대한 믿음은 기대에 근거하고 있지만, 그렇더라도 경험과의 긴장이 사라지면 기대도 설 자리를 잃게 된다. "인류의 희망이 이미 획득된 경험 그 어디에도 닻을 내리지 못하고 그야말로 전례 없는 미래 속에 던져지게 되면, 그때부터 보다 나은 미래를 과거와 이어주었던 진보라는 관념, 역사의 가속을 통해 한층 더 가깝게 된 그 관념은 유토피아라는 관념에 자리를 내주는 경향을 갖게 된다. 유토피아와 더불어 긴장은 분열이 되는 것이다."[21] 그렇다면 기대 지평과 경험 공간 사이의 긴장을 회복하기 위해서는 어떻게 해야 하는가? 리쾨르에 따르면 한편으로는 유토피아적인 기대의 유혹에, 다른 한편으로는 경험 공간의 축소에 맞서야 한다. 유토피아적인 기대는 행동에 좌절만 안겨줄 따름이며, 경험 공간에 닻을 내려 결정된 기대만이 보편적 역사에 가담하는 의미 있는 행동을 이끌어낼 수 있다. 경험은 통합하며 기대는 전망들을 펼친다. 자기 앞의 존재, 죽음을 향한 존재는 기대 지평 개념을 통해 내적 폐쇄성에서 벗어나 역사 공동체의 미래를 향해 자신을 열 수 있고, 내던져진 존재는 경험 공간을

20   폴 리쾨르, 『시간과 이야기 3: 이야기된 시간』, 김한식 옮김,
      문학과지성사, 2004, p. 451.
21   같은 책, p. 414.

통해 전통성, 역사에 의해 영향받는 존재가 되고 독백적 주체가 아닌 대화적 주체가 된다.

리쾨르는 역사가 직선적으로 진보하지도, 끊임없이 순환 반복되지도 않는다고 본다. 그는 과거를 죽어 있는 것으로 보는 실증주의 역사, 주체와 의미를 배제하는 계량적, 법칙적 역사를 수정하기 위해 '역사의 허구화'(마치 그렇게 일어난 듯이)를 이야기하며, 현실과 역사에 뿌리내리지 않은 무책임한 상상력에 제동을 걸기 위해 '허구의 역사화'(마치 그런 일이 일어난 듯이)를 말한다. 이 두 가지는 심층적으로 비슷하다. 역사의 허구화는 가능성을 향해 우리를 열어주며, 허구의 역사화는 우리를 현실로 이끈다. 현실이 갖는 풍부한 의미와 잠재성을 드러내기 위해서는 한쪽만으로는 불가능하다. 이 점에서 프랑스어로 'histoire'라는 낱말이 실제 일어난 역사와 그에 대한 이야기 둘 다를 가리킨다는 점은 매우 시사적이다. 우리는 이야기를 통해 삶과 역사를 바꾸고 삶과 역사가 바뀌면서 이야기도 생긴다. "결론적으로 시간의 재형상화에서 역사와 허구의 교차는 최종적인 분석에서, 역사의 거의 허구적인 순간과 자리를 바꾸는 허구의 거의 역사적인 순간이라는 상호 맞물림에 근거를 두고 있다. 이러한 교차, 상호 맞물림, 자리바꿈에서 바로 '인간의 시간'이라고 부름 직한 것이 나온다. 거기서 역사를 통한 과거의 대변代辯과 허구의 상상의 변주는 시간의 현상학의 아포리아를 배경으로 결합한다."[22] 정신의 시간과 세계의 시간, 주관적이고 현상학적인 시간과 객관적이고 우주론적인 시간의 대립이라는 시간의 현상학이 만들어내는 아포리아는 이처럼 역사와 허구가 교차하는 대상지시에서 해결책을 얻는다.

인간의 시간temps humain이란 『시간과 이야기』 4부의 제목이기도 한 '이야기된 시간temps raconté'이며, 그것은 공적인 시간과 죽을 수밖에 없는 개인의 사적인 시간 사이에 있는 시간이다. 사적인 시간은 죽음을-향한-존재의 실존적 시간이다. 죽음은 그 누구와도 나눌 수 없는 실존의 한계이자 그로 인해 개인은 시간을 '자기 자신'의 시간으로 만들지 않을 수 없게 된다. 공적 시간은 물리적이거나 자연적인 의미에서의 공적인 시간(시계의 시간)을 뜻하는 것이 아니라 개인의 죽음 이후에도 계속되는 역사의 시간을 의미한다. 죽을 수밖에 없는 존재로서의 인간은 죽음에 대한 불안과 미래에 대한 근심 걱정에 시달리며 살아가지만, 세대에 세대를 거듭하며 이어지는 인간의 역사에 무상함을 느끼기도 하고, 때로는 "무한한 우주의 영원한 침묵"에서 한순간 머물다 떠나가는 필멸의 존재라는 사실에 위안을 얻기도 한다. 절대적인 영원성 앞에서 인간의 유한성을 체험한다는 것은 존재론적 결핍, 존재로부터의 분리 경험이다. 그러한 시간의 한계 경험이 이야기

<hr />

22   같은 책, p. 371. 번역은 일부 수정함.

를 낳고 이야기와 함께 또 다른 경험이 생긴다. 역사란 산 자와 죽은 자의 이야기이며 그것이 바로 인간의 시간을 만들어낸다.

카스토리아디스: 카이로스와 자율

기대 지평과 경험 공간의 변증법을 통해 억시적 현재에 접근하는 리쾨르와 달리, 카스토리아디스의 역사철학은 크로노스보다는 카이로스의 시간, '사건' '우발성' 쪽으로 기운다. 카스토리아디스의 관심은 어떻게 '제도화된 것' 속에서 '제도화하는 것'이 생겨날 수 있는가의 문제에 있기 때문이다. 이 점에서 도스의 지적대로[23] 사건적인 것l'événementiel이 사회-역사적 현실을 곳곳에서 가로지른다고 보는 카스토리아디스의 존재론은 들뢰즈의 사건 존재론과 가깝다. 그리고 카스토리아디스는 역사의 연속성에 근거한 동일성의 형이상학(기독교, 헤겔, 마르크스)과 인과성의 논리에 매여 있는 주류 역사학의 인식론을 비판하면서 역사에서의 불연속성을 강조하는 한나 아렌트에 다가간다. 사건이라는 용어에 아렌트처럼 강한 의미를 부여하지는 않지만, 카스토리아디스가 역설하는

---

23   보다 자세한 내용은 François Dosse, *Castoriadis, une vie*, pp. 289~90을 참조할 것.

'제도'는 '사건'에 상응하는 것으로 사회의 '자기 창조'이며 자율적 사회의 기획은 '항구적 창조'로서의 존재, 근본적 상상력으로서의 인간 주체, 근본적 상상으로서의 사회를 전제한다. 리쾨르라면 경험 공간과 기대 지평의 변증법에 따른 역사적 현재 그리고 수동적 행동과 능동적 행동 사이의 긴장이라고 말하겠지만, 카스토리아디스는 제도화된 사회와 제도화하는 힘의 동역학 그리고 역사의 창조적 잠재력이 드러나는 사건이라고 말한다.

다른 한편 역사적 시간을 현재에 속하는 것으로, 과거와 미래 사이의 틈과 균열로 본다는 점에서 카스토리아디스는 벤야민에 다가간다. 벤야민은 헤겔의 목적론적 역사관을 해체하고 기계적 인과론이나 지속적인 진보에 대한 믿음을 거부하면서 현재에 가치를 부여한다. 역사가는 현재의 역사를 쓰면서 새로운 것, 유토피아의 희망을 찾아야만 한다. 사건에 열린 역사라는 이러한 관점은 모든 형태의 사물화된 역사에 대한 비판을 함축한다. 과거에 일어난 역사적 사건의 의미가 떠오르게 하려면 '같이-태어남co-naître'을 통해 이해해야 한다. 그것이 바로 카이로스의 시간, 즉 적절한 기회를 잡고 결정을 내리고 행동하는 시간이다. 이를 통해 인간은 과거에 묻혀 있던 잠재성을 실현하고, 스스로 자기의 운명을 결정하고, 사회의 '자기 제도화'(제도의 창설)를 이루게 된다.

여기서 우리는 카스토리아디스의 사유를 특징짓는 '자

율autonomie' 개념과 만나게 된다.[24] (타율과 대립되는) 자율 기획은 근본적 상상을 통해 자율적 사회를 제도적으로 창설함으로써 (개인적, 집단적 차원에서) 자유(자율)를 실현한다는 일종의 혁명적 기획이다. 그것은 여태까지 종교, 정치, 법 등 개인적이고 집단적인 차원에서 인간을 지배했던 타율을 극복하고 제거하는 것을 목적으로 삼는다. 카스토리아디스는 고대 그리스의 폴리스, 즉 아테네의 민주주의에서 자율의 기원을 찾고, 18세기 계몽주의와 프랑스 대혁명, 19세기 파리 코뮌 그리고 19~20세기의 노동자 운동이 사회를 근본적으로 변화시킬 수 있는 상상(근본적 상상)을 통해 자기 제도화함으로써 혁명적인 자율 기획을 이어받았다고 본다. 그리고 정치적 측면에서는 급진적 민주주의 제도의 창설, 경제적 측면에서는 생산의 자주관리를 통해 자율 기획을 달성할 수 있다고 주장한다. 카스토리아디스의 자율 기획은 그처럼 인간의 존재 양태와 사회–역사적인 것과 관련된 사유들, 그리고 넓게는 '존재는 창조'라는 그의 존재론과 맥락을 같이한다. 역사의 수동적 존재가 아닌 능동적 존재로서 묻혀 있던 가능성의 실현을 통해 새로운 역사를 창조해야 한다는 그의 자율 기획은 제도화하는 사회와 제도화된 사회 사이의 끝없는 변증법적 운동 속에 위치한다. 자기 스스로 한계를 설정하

24   Philippe Caumières, *Castoriadis. Le projet d'autonomie*, Paris : Michalon, 2007 참조.

는 반성을 통해 제도화된 사회의 타율을 극복할 수 있다고 보는 것이다. 하지만 자율 기획이 개인의 행복을 보장한다거나 완벽한 사회를 이룩할 수 있다고 주장하지는 않는다. 자율적 사회는 스스로 규칙을 정하고 변화해야 하기 때문에 원칙상 불안정할 수밖에 없으며, 완벽한 제도나 법은 존재하지 않는다. 그래서 자율에 토대를 둔 민주주의야말로 유일하게 '비극적인' 정치 체제라고 할 수 있다.

이처럼 리쾨르와 카스토리아디스는 역사 인식의 차원에서 창조와 생산, 실천적 차원에서 혁명과 혁신, 정치적 상상의 의미작용과 이성의 규제적 이념, 상상적 실천과 실천적 이성 등 어떻게 보면 비슷한 개념들을 사용하고 있다. 하지만 그 개념들이 서로 그물망처럼 얽혀 있다는 점에서 그들이 만나고 갈라서는 지점을 가늠하기 쉽지 않다. 무엇보다 역사 인식에서 뚜렷한 차이를 보여준 이 대담 이후 리쾨르와 카스토리아디스의 대화는 더 이상 이어지지 않았다.[25] 그렇다면 1985년에 이루어진 이들의 대담이 그로부터 40여 년이 지난 오늘날 우리에게 어떤 메시지를 줄 수 있는가? 기후재난과 팬데

25   이 대담 이후, 특별한 입장 변화를 보인 바 없는 카스토리아디스와
      달리 리쾨르는 『기억, 역사, 망각』에서 기억과 역사 기술이라는
      주제를 진리 차원에서 접근하고, 윤리 차원에서 비판적으로
      검토하는 작업을 본격적으로 수행한다. Paul Ricœur, *La mémoire,
      l'histoire, l'oubli*, Paris: Seuil, 2000.

믹, 정치적 양극화와 민주주의의 위기, 미중 양국의 패권 경쟁에 따른 국제정세의 변화, 무엇보다 인공지능 등 수많은 화두가 주어진 오늘날 이들이 대담을 한다면 어떤 입장 혹은 입장 변화를 표명할 것인가? 챗지피티에서 보듯이 끊임없이 학습하고 진화하는 기계를 인간이 갖게 된다면 기계를 기반으로 하는 '윤리적' 논리는 인간과 독립적으로 전개될 수 있을까? 기계가 인간처럼 진화해서 창조하고 생산하는 인간의 역량을 갖춘다면 인간이 할 수 있는 일은 무엇일까? 과연 이런 상황에서 인간은 무엇을 할 수 있으며, 역사는 어디로 흘러갈 것인가? 결국 리쾨르와 카스토리아디스의 논쟁을 다시 소환하는 것은 우리가 보다 더 복잡해진 '미로의 갈림길'에 놓여 있기 때문일 것이다.

리쾨르는 유토피아적 상상력이 이데올로기의 병리적 현상에 대한 처방이 될 수 있다고 말한다. '어디에도 없는 곳'을 상상한다는 것은 현실에 대한 시각을 잠정적으로 유예함으로써 또 다른 현실을 상상하게 하는 해방의 기능을 갖기 때문이다. 하지만 유토피아가 그 어디에도 없는 곳으로 '도피'하는 병리적 상황에 빠지게 되면 사회적 현실의 '지금 여기'와 유토피아의 '다른 곳'을 잇는 다리 또한 사라지고 만다. 그렇게 경험 공간과 기대 지평 사이의 긴장을 상실한 유토피아는 과거의 잃어버린 낙원에 대한 향수로 퇴행해버린다. 한편 카스토리아디스는 주체의 "근본적 상상"과 '사회적 개인'의 "사회적 상상"을 통해 개인적 주체와 집단적 주체를 같이 사유할 수 있는 길을 제시한다. 물론 그 길은 '미로의 갈림길'일 수밖에 없다. 하지만 그 길에서 머뭇거리며 선택을 포기하는 순간 우리가 꿈꾸는 사회의 가능성은 아예 사라지고 만다. 지나간 순간들을 새롭게 돌이켜보는 '소급 효과'를 통해 묶여 있던 가능태들이 풀려나고, 사회를 변혁할 수 있는 근본적 상상과 실천을 통해 보다 나은 사회를 향한 길이 열리지 않겠는가.

말년의 카스토리아디스가 한 방송 대담에서 들려준 고백으로 결론을 대신하자. "우리는 진정으로 사유하기 시작하는 그 순간부터 미로에 들어선다. 그 출구가 어딘지는 알 수 없다. 갈림길에 서서 어느 길이 제 길인지 모른 채 들어서고, 헛되이 헤매다가 다시 출발 지점을 찾으려 한다. 때로 그것이 진짜 빛인지 아니면 헤매도록 세워둔 도깨비불인지도 모르고서 불빛을 향해 나아간다. 지금 나는 끝까지 가지 못했지만 꽤 먼 거리를 성큼성큼 걸어왔다고 느낀다. 나에게 친숙한 구석들도 꽤 있었고, 어떤 길들은 아무 데에도 이르지 못하지만 다른 길들은 어떤 곳에 이르기도 하는 법이다."[26]

26   Cornelius Castoriadis, "Du jour au lendemain," émission d'Alain Veinstein, France Culture, 29 mai 1996(Cornelius Castoriadis, *Quelle démocratie?*, t. II, Paris : Éditions du Sandre, 2013, p. 594에 수록됨).